대한민국 지속성장의 나침반

창의적인 국민, 유능한 정부,
신나게 뛰는 기업

국민이 편안한 나라
경쟁력 있는 나라
미래가 밝은 나라를 위해

김홍진 지음

대한민국 지속성장의 나침반

초판 1쇄 발행 2021년 12월 1일

지 은 이 김홍진
발 행 인 권선복
편   집 오동희
전 자 책 오지영
발 행 처 도서출판 행복에너지
출판등록 제315-2011-000035호
주   소 (157-010) 서울특별시 강서구 화곡로 232
전   화 0505-613-6133
팩   스 0303-0799-1560
홈페이지 www.happybook.or.kr
이 메 일 ksbdata@daum.net

값 22,000원
ISBN 979-11-5602-942-7 03330

Copyright ⓒ 김홍진, 2021

도서출판 행복에너지는 독자 여러분의 아이디어와 원고 투고를 기다립니다. 책으로 만들기를 원하는 콘텐츠가 있으신 분은 이메일이나 홈페이지를 통해 간단한 기획서와 기획의도, 연락처 등을 보내주십시오. 행복에너지의 문은 언제나 활짝 열려 있습니다.

창의적인 국민,
유능한 정부,
신나게 뛰는 기업

대한민국
지속성장의
나침반

김홍진 지음

국민이 편안한 나라
경쟁력 있는 나라
미래가 밝은 나라를 위해

도서
출판 행복에너지

추천사

― **염재호** (고려대학교 19대 총장)

김홍진의 글은 힘이 있다. KT를 비롯하여 IT 기업의 현장 경험을 바탕으로 글을 쓰기에 현실감이 뛰어난 설득력을 갖고 있다. 현실을 넘어서 미래를 응시하는 예지력도 뛰어나다. 21세기 디지털 전환의 문명사적 대전환기에 우리나라의 나아갈 방향을 예리하게 진단하고 대응 방안을 제시한다. 벤처기업의 경험뿐 아니라 중견기업, 그리고 대기업인 KT의 사장을 역임하면서 체득한 지혜를 디지털 시대의 미래에 투영하여 우리의 나아갈 방향을 정확히 알려주고 있다.

이미 『창의가 길이다』를 비롯한 다수의 저서를 통해 미래를 위해 우리가 어떻게 바뀌어야 하는지를 설파한 저자는 이번에도 또 한 번 우리에게 문제해결의 지혜를 나누어주고 있다. 이번에 출간하는 『대한민국 지속성장의 나침반』은 관료화된 규제, 법 만능주의와 과잉입법, 경직된 노동시장, 빈부갈등을 조장하는 정치권 등 답답한 오늘의 현실에 청량한 혁신의 목소리를 들려주고 있다.

김홍진의 글은 무섭다. 현실의 이해관계나 권력의 눈치를 보지 않고 선지자적 쓴소리를 마다하지 않는다. 답답한 정치권의 과거지향적 정쟁을 벗어나 우리나라가 지속 성장할 수 있는 생존전략을 제시한다. 이 책에서는 저자의 전문분야인 IT산업의 문제만을 다룬 것이 아니라 정치, 사회, 법, 교육에 이르기까지 다양하고 복잡한 우리 사회의 문제를 쾌도난마처럼 풀어낸다. 관료들의 안일한 규제를 질타하고 정치권의 포퓰리즘적 정책들을 비판한다. 기울어진 노동환경을 지적하고 '님비'를 불러오는 환경운동을 눈치 보지 않고 비난한다.

김홍진의 글은 아이디어가 넘친다. 미래교육, 혁신 DNA, 인재육성과 혁신적 조직 시스템 등 전략적 사고를 바탕으로 한 해결책들을 쏟아 놓는다. 2022년 대선을 앞두고 미래지향적 정책 대결보다 인신공격과 포퓰리즘 논쟁만을 일삼는 대선캠프에 김홍진의 새 책은 미래 한국을 디자인할 교과서와 같은 역할을 할 것이다. 서서히 침몰하는 대한민국이 아니라 힘차게 파도를 헤치고 나아가는 대한민국을 그리며 우리의 미래 비전을 다시 가다듬어야 할 때이다. 신간 출간의 축하와 함께 이곳에서 제시된 비전들이 하나하나 실현되는 날들을 꿈꾸며 내년에 출범할 새 정부에 기대를 걸어본다.

– **심보균** 유엔 거버넌스센터 원장 (전 행정안전부 차관, 전라북도 부지사)

저자 김홍진은 작은 IT기업 사원에서 출발해 굴지의 IT 대기업 사장까지 두루 거치면서 시대를 한 차원 더 멀리 바라보는 시야와 상상력으로 변화와 혁신을 만들어 온 분이다.

특히 책상과 사람 간 일대일로 고정된 폐쇄적 공간이 아니라, 창의력과 상상력 넘치는 유연한 공간을 창출하기 위해 대기업 사장이었던 본인 사무실을 대폭 줄이고 직원 공유공간으로 내주면서 스마트오피스 개념을 몸소 실천하여 정부기관에도 혁신적 영향을 끼쳐왔다.

이 책은 4차 산업혁명시대를 앞서가기 위한 혁신적 기업과 정부역할, IT 혁신, 인재육성과 확보 등 다양한 주제로 시대적 이슈를 다루고 있다. 코로나로 힘든 시기를 이겨낼 수 있는 지혜와 상상력에 가슴 설레며 여행하듯 빨려드는 재미를 느낀다.

– **이 언** 가천대학교 의과대학 교수 (길병원 AI 병원 추진단장)

저자는 자타가 공인하는 혁신의 아이콘이다. 오랫동안 BT(브리티시 텔레콤), KT(한국통신) 등에서 혁신을 주도해 왔다. 그런 저자가 일선에서 물러난 후 소식이 뜸하기에 조용히 삶을 즐기고 있는 것으로 생각했다. 이 책은 이러한 나의 틀에 박힌 일반적 사고를 여지없이 무너뜨리기에 충분했다. 책 제목에서 보듯 저자의 IT 분야에서 쌓은 지식과 경험을 정리하여 오롯이 한 권의 책으로 담아내었다. 어찌 보면 이러한 일은 저자의 의무이자 숙명이다. 저자만큼 이 분야에 풍부한 실무경험과 혁신적인 아이디어를 가진 사람은 극히 드물다. 이러한 자원을 그대로 흘려보내는 일은 국가적으로 큰 손실이다.

마침 이 책을 발간한다는 소식을 접하고 '국가 발전을 위해 시의적절한 때에 책을 저술할 자격이 있는 분이 당연히 할 일을 했다.'는 느낌을 받았다. 격변하는 기술 전환기에 개인이나 기업, 국가 모두 위기와 기회를 동시에 만나고 있다. 자칫하면 당황하고 허둥대다 일을 그르칠 위험성이 매우 큰 시기이다.

이 책은 개인, 기업, 노동계, 교육계, 정부기관 등 국가발전의 핵심 주체들에게 혁신의 확실한 방향성을 제시한다. 무릇 올바른 정책의 수립의 첫 번째 요소는 방향성이다. 이 책은 개인과 국가가 지속 가능한 발전을 위해 어떻게 사고하고 정책을 수립하며 실행에 옮겨야 하는지 현실의 상황에 기초하여 기술하고 있다. 허황된 공리와 현실에 맞지 않는 거대 담론과는 거리가 있다. 너무 전문적인 주제라서 독자에게 딱딱하고 재미가 없을 수도 있는 많은 내용을 저자 특유의 재치와 필력으로 알기 쉽게 풀어낸다.

모쪼록 이 책이 정부의 정책을 수립하는 관료, 입법을 주도하는 정치인, 기업인, 전문 기술관료와 과학기술인, 노동계, 교육계 등 국가발전을 이끌고 있는 전 분야의 사람들에게 읽혀지기를 바란다. 아울러 미래를 준비하고 있는 젊은 청년과 청소년들에게도 널리 읽혀서, 장차 그들이 어떻게 국가와 우리사회 나아가서 인류에 이바지하는 삶을 살 것인가를 설계하는데 도움을 주었으면 한다. 끝으로 여전히 왕성한 필력으로 저술 활동을 하시는 저자의 열정과 애국심에 경의를 표하며 앞으로 이 책의 후속편을 고대한다는 말로 추천사에 갈음한다.

머리말

여기에 모은 글은 2015년부터 최근까지 조선비즈에 '김홍진의 스마트경영', IT조선에 '김홍진의 IT 확대경'이란 제목으로 기고했던 칼럼들이다. 지난 수년간 매주 글을 쓸 수 있었던 것은 엄청난 변화의 물결이 밀려오고 있는데도 한국 정부와 기업, 사회는 거의 변하지 않고 있는 데 대한 안타까움 때문이었다. 무엇보다 각 분야별로 기득권 지키기와 자기 몫 챙기기가 너무 심하다는 사실에 대한 우려가 컸다.

이러다 바깥세상의 변화에 아랑곳하지 않고 내부 투쟁에 함몰돼 있다가 국가적 난국을 맞았던 구한말의 불행을 반복하지나 않을지 두렵기까지 하다. 이제 정말 변해야 한다. 기준점을 현재가 아니라 다가올 미래에 놓고 대응해야 한다.

국가 지도자가 할 일은 국민들에게 현재의 자리를 지켜주는 게 아니다. 미래를 예측하고 어디로 이끌어갈 것인지를 분명히 밝히고 설득해야 한다. 케네디 대통령이 했던 것처럼 국민들의 변화도 요구해야 한다.

정치권은 매표행위에 가까운 행동을 멈춰야 하다. 무책임한 법과 제도를 남발하지 말고, 기득권 세력을 등에 업고 하는 정치행위도 멈춰야 한다. 따지고 보면 유치원 사태도 준비가 안 된 상태에서 젊은 엄마들의 표를 의식해 유치원에 지원금을 풀고 뒤로는 그들의 후원을 받은 결과 빚어진 일이다.

기업가들 특히 창업자가 아닌 후계자들은 과거의 기업 관행을 탈

피해 국민의 신뢰를 회복해야 한다. 국가에 엄청난 기여를 하면서도 존경은 고사하고 지탄의 대상이 되는 이런 불행한 나라도 없다. 기업가가 존경받지 못하는 국가는 절대 흥할 수 없다. 기업가들 스스로 존경받는 기업가의 길을 걸어야 한다.

국가 미래의 근간이 될 교육, 인사, 감사, 조달, R&D 등을 획기적으로 바꿔야 한다. 국가가 경쟁과 수월성을 통해 미래로 나갈 수 있게 해야 한다. 사회안전망으로서 복지의 역할이 중요하지만 섣불리 모든 분야에서 공정과 공평을 강조하면 국가의 경쟁력을 떨어뜨릴 수 있다.

인구, 기후, 환경, 재정 건전성 등에 각별히 대처해야 한다. 특히 인구문제와 기후는 미래 세대의 삶에 큰 영향을 미칠 분야이다. 미래 세대에 빚을 물려주는 어떠한 정책도 단호히 배격해야 한다. 일반 국민들도 당장의 이익보다 미래 세대의 삶에 대한 책임 의식을 가져야 한다.

국가의 규제 방식을 명백히 금지한 것 외에는 무엇이든 할 수 있도록 바꿔야 한다. 미래는 몇 사람이 앉아서 제한할 수 있을 정도로 단순하지 않다. 무한히 상상력을 발휘할 수 있는 국가가 되어야 한다. 메이시, 시어스, 토이저러스 등이 다 망해 가고 있는데 우리 정치권과 정책 당국은 재래시장, 소상공인들을 살리겠다고 하니 이 무슨 조화인가.

미래로 향하는 길목을 막을 것이 아니라 뒤처진 사람들에게 새로운 길을 열어 줄 수 있어야 한다. 기득권에 얽매인 국가는 주저앉을 수밖에 없다. 4차 산업혁명을 내세우면서도 기득권에 막혀 앞으로 나가지 못하는 현실이 답답하다.

기득권은 비록 기업인, 의사, 변호사 등 소위 가진 자들만의 문제가 아니다. 교육계, 농민, 노동자, 심지어 택시사업자 등 모든 분야가 새로운 플레이어의 등장을 거부하고 있는 게 현실이다. 해당 분야의 공무원들조차 변화를 거부하는 기득권의 보조자가 되고 있다. 새로움을 받아들일 수 있는 국가가 되어야 한다.

일과 삶의 방식을 바꿔야 한다. 열심히 성실히 일하는 것이 아니라 창의적으로 일해야 한다. 철저한 관리가 아니라 창의를 통해 무에서 유를 창조하고, 약간의 개선이 아니라 가치의 퀀텀 점프를 만들어야 한다. 그러기 위해 제도와 문화를 그에 맞게 혁신해야 한다.

다양성과 포용성을 높여야 한다. 협업과 통섭에 절대적으로 필요한 일이다. 유유상종이 아니라 다름을 인정하고 다른 사람들이 모이고 결합할 수 있는 사회가 되어야 한다. 그래야 가치의 덧셈이 아니라 곱셈 이루어지는 국가가 된다.

외부에선 엄청난 변화가 밀려오고 내부에선 다양한 변화가 폭발하면서 이 나라가 어디를 향해 가는지조차 가늠하기 힘든 현실이다. 아무쪼록 새 시대에 대한 각성으로 대한민국의 지속적인 발전이 이루어지기를 기원한다.

목차

추천사 ⸻⸻⸻⸻⸻⸻⸻⸻⸻⸻⸻ 004
머리말 ⸻⸻⸻⸻⸻⸻⸻⸻⸻⸻⸻ 009

 삶의 방식을 바꿔야 한다

01 삶의 방식을 바꿔야 한다 ⸻⸻⸻⸻⸻⸻ 020
02 환경 운동이 님비 불러와 ⸻⸻⸻⸻⸻⸻ 026
03 "내 방으로 다 오라고 하세요." ⸻⸻⸻⸻ 030
04 비용 개념이 없는 대한민국 ⸻⸻⸻⸻⸻ 033
05 공유를 일상화해야 한다 ⸻⸻⸻⸻⸻⸻ 036
06 협업을 해야 한다 ⸻⸻⸻⸻⸻⸻⸻⸻ 040
07 스마트시티 전략에 사람과 문화가 빠져 있다 ⸻ 044
08 '재택'이 전가의 보도가 아니다 ⸻⸻⸻⸻ 048
09 상시적 팬데믹 시대, 기존 사무실 개념은 잊어라 ⸻ 051
10 '집 안에서만 살기' 실험 기회를 준 코로나19 ⸻ 054

Ⅱ 유능한 정부를 원한다

01 공공기관 평가, 자율과 공정의 틀을 만들어야 한다 ⋯⋯⋯ 060

02 쓰나미에 맞설 것이 아니라 빅데이터로 피하는 길을 찾아라 ⋯⋯⋯ 064

03 공공 주도의 정책 기조를 바꿔야 한다 ⋯⋯⋯ 068

04 과학적인 정부를 원한다 ⋯⋯⋯ 072

05 데이터를 조금만 봐도 알 걸 ⋯⋯⋯ 076

06 코로나와 전투가 아니라 전쟁을 치러야 한다 ⋯⋯⋯ 080

07 다주택자가 사라지면 전월세는 어디서 구하나 ⋯⋯⋯ 084

08 풋내기 창업자와 다를 바 없는 정책 문외한들 ⋯⋯⋯ 089

09 '한국형 뉴딜' 계획 샅샅이 들여다봤건만⋯. ⋯⋯⋯ 092

10 인구청의 설치를 제안한다 ⋯⋯⋯ 096

11 앞만 보고 달리는 경주마 ⋯⋯⋯ 099

Ⅲ 기업이 뛰어야 나라가 산다

01 차별금지법과 기업 현장의 혼란 ⋯⋯⋯ 104

02 기업이 뛰어야 나라가 산다 ⋯⋯⋯ 107

03 불편한 NDA(Non-Disclosure Agreement) 문화 ⋯⋯⋯ 111

04 어쩌란 말이냐 이 모순을 ⋯⋯⋯ 115

05 아마존이 왜 고객에 집착하는지 배워야 한다 ⋯⋯⋯ 118

06 IT 조직 위상부터 높여야 한다 ⋯⋯⋯ 121

07 정경합작과 유착의 사슬 이제 끊어야 ⋯⋯⋯ 125

IV 부자를 꿈꿀 수 없는 나라

01 부자를 꿈꿀 수 없는 나라 ··· 130

02 2030세대가 미래를 지켜야 한다 ······························· 134

03 자산을 축적할 사다리를 걷어차지 마라 ··················· 138

04 포용성장에 앞서 포용사회 만들어야 ······················· 141

05 나라 돈에 무감각한 사람들 ······································· 145

V 일자리와 노동정책

01 레고 블록을 보며 미래의 일과 일자리를 생각한다 ····· 150

02 기업 인력 시장의 변화에 주목하라 ·························· 154

03 실리콘밸리 부러우면 노동유연성을 높여라 ·············· 157

04 노동자 아닌 로봇이 주류인 세상이 온다 ················· 161

05 4차산업혁명발 '일자리 불안'에 기름까지 부은 정부 ··· 166

06 통계가 아니라 현장에서 답을 찾아야 ······················ 170

07 국가 경쟁력 제고를 위한 각성 있어야 ···················· 173

08 일자리 정책이 역효과 내지 않으려면 ······················ 177

VI 시국이 국민을 불편하게 한다

01 시국이 국민을 불편하게 한다는 원로배우의 일침 ···················· 182
02 경륜 많은 구닥다리보다 불안한 청년 세대의 소통 방식을 택했다 186
03 법 만능주의와 과잉 입법의 폐해 ································· 190
04 테스형 세상이 왜 이래 ·· 194
05 사회주의적 경제관 무심코 들킨 대선주자들 ······················ 199
06 코로나 퇴치에 급여 반납 '감성팔이'보다 '디지털 활용'을 ············ 202

VII 미래 교육을 설계하라

01 교육 평준화 정책 재고해야 한다 ································ 208
02 코로나발 교육격차 해소 정책 '발상의 전환'을 ···················· 212
03 온라인교육 처음부터 새로 디자인하라 ·························· 216
04 '온라인 개학'을 미래 교육 환경 준비 기회로 삼기를 ················ 220
05 교육부는 마이크로소프트 CEO를 보라 ·························· 225
06 교육부는 교육 격차 해소에 나서라 ····························· 230

VIII 공공의 역할을 지켜라

01 공공 음식배달서비스 가당치 않다 ······················· 236

02 국가는 IT 프로젝트가 아니라 생태계 구축에 매달려야 ······ 240

03 '한국형 디지털 뉴딜' 반드시 이것만은 ················· 244

04 시대의 변화와 국가의 규모에 걸맞는 정책이 아쉽다 ······· 248

05 제로페이, 그 무모함과 무지에 대하여 ·················· 252

06 데이터 과학자들의 전문성과 정직이 절실하다 ·········· 257

07 공공 IT 환경 이대로 좋은가 ···························· 261

08 4차 산업혁명에 대비한 국가 기술개발 전략 ············· 264

IX 혁신 DNA를 뿌리내리게 하라

01 디지털 트랜스포메이션으로 살 길을 찾아야 한다 ········· 268

02 일론 머스크의 혁신 DNA와 테슬라 따라잡기 ············ 271

03 4차산업혁명 시대의 리더 ······························ 275

04 혁신의 리스크를 수용하지 못하는 나라 ················· 279

05 유니콘 기업은 소망만으로 탄생하지 않는다 ············· 283

06 국가 지도자는 IT 기반 미래 상상력을 가져야 ··········· 287

07 인공지능 콜센터도 금지할 텐가 ······················· 290

08 IT 기반 혁신을 돕기는커녕 발목만 잡아서야 ············ 294

09 4차산업혁명 시대의 문제 해결 방식 ···················· 298

10 21세기 창의국가로 가는 길 ···························· 302

X 인재 육성, 발탁, 활용이 핵심

01 4차산업혁명 이후의 복무 규칙을 다시 짜라 ·········· 308

02 채용 절벽 온 김에 수시채용을 확산시켜야 한다 ·········· 312

03 후진적 인사 시스템 혁신이 시급하다 ·········· 316

04 조직 운영은 프로 구단처럼 ·········· 320

05 개방적인 인재 확보 전략이 필요하다 ·········· 324

출간후기 ·········· 328

I

삶의 방식을 바꿔야 한다

01
삶의 방식을 바꿔야 한다

DJSI WorldDow Jones Sustainability World Index는 S&P의 2,500개 대형 주의 지속성과 환경에 대한 활동을 기준으로 상위10%를 선정해 구성하고 있다. 1999년에 처음 시작해 쥬리히의 지속투자SI 전문사인 RebeccaSAM과 함께 매년 수천 개의 마켓리더에 대한 상세한 지속가능성 관련 연구를 통해 지수를 발표하고 있다. 이 이후에 주요 기업들은 연도 회계보고서 외에 지속가능성보고서를 발간하고 있으며, 그를 통해 기업이 지구환경, 소외지역 대상 활동들을 천명하고 현황을 공유하고 있다. 결국 지속가능지수가 좋은 기업이 좋은 기업으로 평가받고 있는 것이다.

World지수 외에도 북미, 유럽, 아시아태평양, 한국, 호주, 칠레 등의 개별지수가 발표되고 있다. 한편 20여 개 분야별 리더를 선정하기도 한다. 한국 기업으로서는 2020년에는 현대건설, 현대제철, SK, LG전자가 해당 분야 리더로 선정되었다.

한국 기업이 지속 가능성에 눈을 뜬 건 2009년경이다. 롯데가

2009년 DJSI에 가입해 한국기업으로는 최초로 2010년 유통분야 리더로 선정되었고, KT가 2010년에 가입해 2011~2013년 연속 전 세계 통신 분야 리더로 선정된 바 있다.

그 당시 KT 경영진은 회사를 변혁transformation하면서 지속가능성을 최고의 가치로 삼아 노력을 경주한 바 있다. 아울러 2009년부터는 KOREA Index를 발표함으로써 나라별 인덱스를 갖는 몇 안 되는 나라 안에 들게 되었다.

지난 30년, 투자자들은 재무적인 판단 외에 (지구)환경(E), 사회적(S) 이슈, 지배구조(G) 등의 리스크와 이를 해소시키기 위한 기업들의 활동에 주목하게 되었으며, 1990년대부터 다양한 ESG Index가 개발되고 있다. 기업이 본연의 경영 활동 외에 ESG에 의해 미래가 영향을 받게 되기 때문이다.

근년 들어 SK 회장이 ESG경영을 천명하면서 국내에서도 많은 주목을 받고 있다. 결국 EEnvironment SSocial GGovernance를 대하는 정부와 민간, 개인의 판단과 생활 방식이 바뀌어야 한다.

금년 7월 평균 동해안 해수면 온도가 22.2도로 40년 내 최고이자 지난 30년 평균보다 2.7도 높았다고 한다. 같은 기간 전 지구의 해면 수온상승이 0.3도인 것에 비하면 엄청난 변화이다. 자연에서의 이런 큰 변화는 재앙의 전조로 볼 수 있다. 수산물의 종의 변화뿐 아니라 수증기를 품은 저기압이 발달해 금년같이 폭우 피해가 늘 것이며, 수온 상승으로 적조현상 발달, 어패류 폐사, 해수면 상승으로 해안 침식이 늘어나는 등 청정 동해 바다가 못 쓰는 바다로 바뀌게 되는 것이다.

상아로 만든 당구공의 대체품으로 발명된 것이 플라스틱의 역사이다. 1900년대 전반에 거듭된 연구로 여러 형태의 플라스틱이 등장하게 된다. 최근에는 다양한 고강도의 플라스틱, 심지어는 전기가 통하는 플라스틱 등 나날이 기술이 발전하고 있으며 의류와 함께 환경쓰레기의 가장 큰 원인 중 하나로 꼽히면서 천연 소재 기반의 플라스틱 연구를 서두르고 있다.

플라스틱이 등장해 우리생활의 편리성을 더하자 1955년에 LIFE 잡지에서는 일회용 제품들을 사용함으로써 집안의 허드렛일을 줄일 수 있다며 'Throwaway Living'을 프로모션하기도 했다. 아이러니가 아닐 수 없다. 이런 플라스틱이 현재는 태평양상의 거대쓰레기섬 (Great Pacific Garbage Patch)을 대표하며 지구상의 가장 골치 아픈 존재가되었다.

최근 해양수산부의 연구 발표에 의하면 우리 연안과 외해역의 해수와 해저퇴적물에 있는 미세플라스틱이 해양생물에 영향을 주지는 않을 것으로 추정된다고 했다. 아울러 30년 내에 해양쓰레기 제로화계획을 선포하기도 했다.

그러나 정부의 무해 발표에도 불구하고 세계적으로 명확한 기준도 없는 상태에서 미세플라스틱이 어패류에서 발견되었다는 보고는일반 국민들을 불안하게 한다. 결국 정부뿐 아니라 기업, 개인 할 것없이 한반도 인근의 온도를 높이고, 온실가스와 먼지를 배출하고, 쓰레기를 늘리는 행위를 줄여야 한다. 정부의 환경계획, 에너지계획도 이런 방향에 맞춰져야 하며, 다른 한편으로는 기업과 마찬가지로 가장 경제적인 방법을 찾아야 한다. 기업의 ESG만 강조할 것이 아니라 정부도 ESG를 실천해야 한다.

LIFE에서 Throwaway Living을 캠페인할 때와 달리 각 경제 활동의 주체들이 덜 써야 한다. 앞뒤도 안 맞는 판단으로 재생에너지 의존 에너지계획을 발표할 것이 아니라 에너지를 덜 쓰고, 공간을 덜 쓰고, 공유를 늘리고, 생산과 소비를 줄이면서도 유지될 수 있는 삶의 방식을 찾고 이를 캠페인해야 한다.

클라우드컴퓨팅은 효율성, 안전성, 경제성 등의 이점을 갖는 '공유'의 대표적인 모델이다. 각자가 사용하지도 않으면서 데이터센터를 운영하는 것이 아니라 클라우드 운영자에게 의뢰해 필요할 때 필요한 만큼만 컴퓨팅 파워를 쓴다. 이렇게 함으로써 에너지와 공간을 덜 쓸 수 있고 따라서 온실 가스도 줄일 수 있다.

공유오피스Cowork를 활용하는 것도 업무의 유연성과 효율성을 추구하면서 공간을 줄임으로써 냉온방과 조명에 필요한 전기를 덜 사용할 수 있는 방안이다. 따라서 정부도 공무원을 많이 늘리고 나서 청사가 부족하다고 또 청사를 건설할 것이 아니라 일하는 방식을 바꿔서 청사를 늘리지 않는 방식을 찾아야 한다. 2000년대 초에 지속가능경영을 가장 잘한 것으로 평가 받는 BT^British Telecom는 10만5천 명 중 6만5천 명이 소위 애자일워크Agile Work를 하면서 고정 좌석을 없애고 전국의 크고 작은 건물 300개를 처분한 적이 있다.

최근의 가장 뜨거운 이슈가 되고 있는 주택도 그렇다. 도시의 밀집도에 비해 상대적으로 큰 평수를 개별 분양받는 형태를 벗어나야 한다. 1000만 명이 사는 도시에서 슈퍼리치뿐 아니라 모두 지나치게 넓은 공간을 쓰고 있다. 정부도 청년 임대 주택 30평대를 임대해 준다, 청년이 십 수 년 모아도 집을 살 수 없다 하면서 삶의 방식을 바꾸지 않고 집값 잡는 일을 하고 있는데 이는 원천적으로 불가능한 일이다. 인구가 밀집되어 있는 슈퍼도시들을 보라. 인구를 강제로 지방으로 이동시키면 가능할지도 모른다(?).

그보다는 최근에 역세권 청년들에게 새롭게 등장한 Co-Living 개념의 주거공간을 주목할 필요가 있다. 개인용으로는 침대, TV, 화장실 등 최소 공간만 유지하고 나머지 주방, working 공간, café, 체육시설 등을 전부 공유함으로써 총체적으로 공간도 덜 쓰고, 개인들도 자산을 주택에 묻어 두기보다는 주식을 포함해 다양한 투자를 할 수 있어 국가적으로도 더 생산적이다.

사회적인 이슈에 대한 접근도 좀 달라져야 한다. 좀 더 글로벌한 시각으로 다양성을 인정하고 보호 대상들이 생산활동에 참여하도록 끌어내는 방법을 찾아야 한다. 급하기는 하지만 현재 정부에서 하는 지원금을 분배하는 방식은 지속sustainable 가능하지 않다.

추후에 변질되기는 했지만 새마을 운동이 나름 성공할 수 있었던 것은 자조정신을 강조했기 때문이다. 결국 생산 활동에 참여할 기회를 만들고 그 대가를 지불하는 방식이어야 한다.

코로나가 창궐하던 뉴욕에서 있었던 일이다. 식당들이 다 문 닫고 폐업하던 때 남미이민자가 운영하던 식당에서 할 수 없이 종업원을 내보냈다. 그러나 본인은 직접 근근이 운영하면서 장사가 안 되어 남아 버리게 된 음식들을 포장해 길거리 냉장고Community Fridges에 가져다 놓거나 보호대상자들에게 직접 배달하는 일을 했다. 이 선행이 지역사회에 알려지며 식당에 하루에 수백인분의 도시락 주문이 쇄도해 식당이 다시 일어섰다. 개인과 지역사회의 힘이 지속되지도 못할 정부가 나누어주는 지원보다 강함을 느낄 수 있었다.

ESG를 펼치기 위해서는 우선 삶의 방식을 바꿔야 한다.

(21/8/27)

02
환경운동이 님비 불러와

환경운동은 기본적으로 전 지구적인 활동이다. 지켜야 할 환경은 우리 국토만이 아니라 궁극적으로 지구, 대기, 심지어 우주까지 대상으로 한다. 우리 동네 쓰레기만 치우는 정도가 아니라 태평양의 쓰레기를 치우고, 아마존을 지키고, 우주쓰레기를 회수해야 한다. 한반도 안에서만 애쓴다고 이상기후를 면할 수 없다. 지구환경이 순환계이기 때문이다.

우리의 환경운동가들이 그 활동의 대가(?)로 자리를 얻고 국회에까지 진출했지만 글로벌 시각을 견지하는 것과는 거리가 멀다. 지구 공동체를 생각하기보다 님비NIMBY Not In My Back Yard현상을 낳거나 국수주의적 색채를 띠고 있다. 오히려 한반도를 백야드backyard 취급하고 있지 않은지 묻지 않을 수 없다.

14살 나이에 태평양상의 쓰레기대륙GPGP Great Pacific Garbage Patch을 치우겠다고 나선 보얀 얀셋이나 기후환경을 위해 행동에 나서라고 문재인 대통령을 포함한 세계지도자들에게 경고하고 있는 그레타

툰베리 같은 10대들에도 못 미친다.

환경정책과 환경운동의 전 지구적 시각이 절실하다. 전 지구적 환경 재앙에서 우리만 빠질 수도 없으며, 백야드인 한반도에서만 안 일어나면 된다는 시각으로는 지구의 위기를 살릴 수 없다. 이상기후에 대처하기 위한 행동에 영국 같은 나라가 선두에 서 있는 걸 보면 과거 전 세계를 지배했던 국가적 경험이 바탕에 깔려있는 게 아닌가 싶기도 하다.

국내에서는 석탄발전 폐쇄정책을 쓰면서 저개발국가에 가서 석탄발전소를 짓는다든지 폐플라스틱을 포함한 쓰레기를 주변 어려운 나라에 팔아넘기는 등의 행위는 당장 멈춰야 마땅하다. 내 땅에서만 아니면 된다고 하는 일종의 님비현상의 극치가 아닐 수 없기 때문이다.

일관성이 있어야 한다. 멀쩡하게 가동 연장할 수 있는 원전은 위험하다며 조기 폐쇄를 결정하고, 건설 중인 신한울 3~4호기 건설은 멈추면서 다른 나라로 수출하겠다고 하니 그 나라들에게 위험을 통째로 넘기겠다는 발상이 아니라면 어떻게 설명할 길이 없다. 또 갑자기 소형원자로SMR를 개발하겠다니 무슨 소리인지 모르겠다. 미국과의 해외원전 수주를 위한 협력도 뜬금없는 소리로 들린다.

일본의 오염수 방류에 대해서는 들고 일어나면서 수십 년 내에 중국 동안에서 가동될 100여 기의 원자력발전소 건설에 대해서는 일언반구도 없으니 이 또한 이해하기 힘들다. 원전이 위험하다면 미세먼지나 황사 피해에서 체감했던 중국의 영향을 생각할 때 이보다 더 위험할 수 없다.

경제성은 차치하고라도 신재생에너지를 위해 산림을 훼손하고, 저수지나 호수를 빽빽이 덮은 태양광, 해양 풍력발전 등으로 예상되는 생태계 교란이나 피해, 추후에 발생할 쓰레기 등에 대해 환경단체는 침묵으로 일관하고 있다. 지금까지의 개발반대 행동에 비추어보면 이해되지 않는다. 정치적 연루 의혹이 들기도 하고 재생에너지 사업에 참여하는 모순까지 보이니 기가 막힐 노릇이다.

2050 탄소중립을 선언해 놓고 구체적이고 과학적인 접근전략을 마련하지 못하고 있다. 각 부처에 대안을 맡기니 산림청은 탄소흡수율이 떨어진다며 30년 정도 지난 삼림을 다 베어내는 일을 하고 있다. 숲을 가꾸는 방법으로 여러 형태의 간벌을 한다는 것은 들어 알고 있으나 탄소흡수율 제고를 위한다는 논리라면 일본, 유럽, 북남미

등의 수십 수백 년 된 나무를 다 베어 내야 한다.

2050 탄소 중립을 달성하려면 선언이 아니라 행동에 나서야 한다. 그 행동은 과학적인 판단 아래 일관된 정책을 근간으로 해야 한다. 정책과 행동의 상호 모순이 없어야 한다. 환경단체를 중심으로 형성된 님비적 사고를 버려야 한다. 한반도 안의 이상기후를 막으려면 전 지구적 환경을 지키는 행동에 나서야 하는 것이다.

(21/5/31)

03

"내 방으로 다 오라고 하세요."

　5년 전 페이스북이 1만2000평 규모의 신사옥을 공개했다. 국제 규격 축구장 관람석까지 포함할 수 있는 면적이다. 더 놀라운 것은 이 전체 공간이 완전 개방형이라는 점이다. 처음부터 '모든 구성원이 한 공간에서 자유롭게 생각을 나눌 수 있는 곳'임을 강조했다. CEO인 저커버그도 같은 크기의 책상을 쓰며 일반 직원들과 섞여 앉아 일을 한다.

공간뿐만 아니다. 문화도 개방적, 수평적이며 자유스럽다. 이렇게 모든 사람이 향유할 수 있는 다양한 자유분방하고 여유로운 공간을 만들었다. 건물 옥상에 수 Km의 산책로도 조성했다. 걸으며 사색하고 대화도 나눌 수 있도록 했다.

우리네 방식은 완전히 반대다. 공간은 폐쇄적이며 직급별로 차별적이다. 문화 또한 끼리끼리이며 수직적이다. 심지어 조직까지 비민주적으로 운영한다.

공공, 민간 가릴 것 없다. 조직 상부에 있는 사람들의 공간 구조가 조직의 효율과 문화를 망가뜨리는 가장 큰 이유 중의 하나다. 백 명 이상의 일반직원이 사용할 정도의 공간을 대여섯 명의 임원(간부)이 차지하는 경우가 허다하다.

일반 직원들은 모여 소통하고 일할 장소도 모자란데 높은 사람은 꼼짝 않고 제 방, 제 자리로 불러 모아 모든 일을 처리하려 한다. 방 안에 널찍한 책상에 전용 회의용 탁자에 접견용 소파, 심지어 침대와 전용화장실까지 마련한 경우도 있다. 이런 은밀한 환경은 가끔 위계에 의한 성범죄를 일으키는 빌미를 만들기도 한다.

전 직장에서 사장이 되어 방을 물려받았다. 그 방의 크기도 20여 평에 역시 내실에는 침대와 화장실도 있었다. 화장실을 메워 버리고 나까지 포함해 모든 임원들의 방을 3.5평으로 줄였다. 생각해 보니 과거에 국가 비상시를 대비하기 위한 활동을 하던 관습이 남아 있어서 그랬던 듯하다.

회의나 대화를 할 때는 높으나 낮으나 구분 없이 필요한 장소를 사전 예약해 이용할 수 있도록 해야 한다. 혼자만 쓰는 사유 공간을 최소화하고 다양한 공유 공간을 확대해야 한다. 페이스북처럼 하지는 못하더라도 직급별로 차등적인 업무 환경을 최대한 줄여야 한다.

누구나 대한민국은 유일하게 산업화와 민주화에 성공한 국가라고 여긴다. 정치적인 제도인 민주화를 쟁취했다고 할 수는 있다. 그러나 조직의 운영을 들여다보면 민주의 가치인 자유와 평등이 지켜지는지 확신이 서지 않는다.

이런 상태로는 자율과 창의를 추구할 수 없다. 이제 시키는 대로만 잘하는 것이 아니라 스스로 무언가 만들어 내어야 한다. 현재 대한민국이 잘 굴러가지 않고 자꾸 삐걱거리는 소리를 내는 것도 바로 이런 이유에서 비롯한 게 아닌가 싶다. 시대 변화를 담아낼 그릇을 준비하지 못한 것이다.

너무 멀리 또는 너무 크게만 생각할 것이 아니다. 어떤 형태가 되었건 모두가 속한 조직 안에서 변화를 실행에 옮겨야 한다. 아쉽게도 지난 10여 년간 크고 작은 조직의 장들을 수도 없이 만났으나 이런 미래지향적 철학과 실행력을 갖춘 리더를 찾기가 어려웠다.

(20/09/28)

04

비용 개념이 없는 대한민국

    개인, 기업, 국가 할 것 없이 비용에 민감해야 한다. 필요하다고 생각되는 것을 그냥 하면 되는 게 아니라 합리적인 비용으로 할 수 있는 방안을 찾아야 한다.

    안전도 그렇다. 강조하고 법으로 제재한다고 안전을 확보할 수 있는 것이 아니다. 시설이든 사람이든 투입을 해야 하며, 이는 비용을 수반하는 일이다.

    물류창고 화재로 여러 사람이 사망하는 사고가 발생했다. 행안부 장관을 지낸 정치인도 기업이 이윤만 추구하고 안전을 등한시해 발생한 사고라고 비난했다. 정작 공공 운영 사업과 시설에 안전을 위한 비용을 부담하기 위해 본인은 어떤 노력을 했는지 묻지 않을 수 없다.

    모든 콜센터에 접속을 하면 감정노동자를 함부로 대하지 못하도록 하는 안내 멘트가 나온다. 누구나 들어야 한다. 대략 200만 명의 콜센터 근무자가 하루에 100콜 정도를 처리한다고 가정하자. 쌍방이 이런 멘트를 듣기 위해 허비하는 시간을 비용으로 추정하면 1년에 수백억 원도 넘을 것 같다.

감정노동자를 보호하려는 조치라고 하지만 비효율적인 비용에 대한 고려가 전혀 없는 것이다. 물의를 일으킨 사람을 찾아 조치하면 될 것을 모든 국민을 교화의 대상으로 여기고 이런 멘트를 사전에 안내한다. 답답하기 짝이 없는 자동응답ARS도, 감정노동자인 상담원도 이제 인공지능으로 대체되는 시대이니 이런 불편도 얼마 남지 않은 듯하다. 인공지능 상담원과 채팅으로 서비스 받는 것이 곧 대세가 될 것으로 보인다.

대한민국은 배달의 천국이다. 생수 몇 병, 계란 한 판, 얼음과자 몇 개도 주문하면 불과 몇 시간, 늦어야 다음 날 아침에는 배송받을 수 있다. 공급하는 쪽이나 구매하는 쪽이나 좋아서 하는데 국가적으로 합리적인 소비인지 의문이다. 프리미엄 고객, 상품의 신선도 유지와 신속 배달 요구, 구매 규모 여부와 상관없이 모든 주문을 성질 급한 우리 소비자들을 충족하기 위해 즉시 배송을 한다. 하찮은 물품까지 즉시 배송을 하니 늘어나는 교통 혼잡, 온실가스 배출, 포장용 쓰레기 등의 문제가 발생한다. 이 때문에 온라인 쇼핑업계 전체가 1조 원이 넘는 적자를 기록한다. 공급과 수요 당사자뿐 아니라 사회적으로도 엄청난 비용을 지불하는 것이다. 투자를 통해 적자를 메우는 방식으로는 지속하기 어려울 것이다. 서비스와 비용의 적정한 수준을 찾아야 한다.

편리만을 좇기에 비용이 너무 크다. 세계에서 가장 큰 온라인 유통회사인 아마존은 회비를 낸 프리미엄 고객에게만 무상 배송을 한다. 물론 프리미엄 고객에게는 다른 여러 가지 특혜를 준다. 배송 시간의 긴박성 요구에 따라 비용을 차등 부과하는 방식도 검토해 봄 직하다.

물류센터 안에서 확진자가 발생했는데도 그 사실을 알지 못하는 택배요원을 마주치는 것도 불안한 일이다. 미국 여러 지역에서 코로나로 폐쇄했던 소매점이 제한적으로 영업을 시작하면서 '커브사이드'curbside, kerbside 픽업이 새로운 형태로 자리잡고 있다. 주문을 한 후에 본인이 가로변에서 직접 픽업하는 방식이다. 접촉감염 불안도 줄여 주지만 공급자와 수요자 쌍방이 역할을 함으로써 비용을 적게 들일 수 있다.

사회적 이슈만 생기면 법을 만들고, 정책을 남발하는 것도 비용을 늘리는 일이다. 일자리를 이유로 노동계를 비롯한 시민단체의 규제 요구가 빗발친다. 이로 인해 비용을 줄이고 생산성을 높일 여러 일을 할 수 없다. 이는 곧 국가의 부담으로 이어진다. 특히 정치인들이 모든 일에는 비용이 수반된다는 사실을 직시해야 경쟁력 있는 국가를 만들 수 있다.

(20/06/19)

05

공유를 일상화해야 한다

수십 년 전 잘나가던 가수를 소환하는 방송이 화제다. IT 분야의 과거를 지금 소환해 보면 웃픈(웃기면서도 슬픈) 일들이 꽤 있다.

80년대까지만 해도 정부기관뿐만 아니라 금융기관 등 공공분야에서 컴퓨터를 도입하려면 청와대에 설치된 위원회에서 전산장비 도입 심의라는 걸 받아야 했다. 그것도 일 년에 몇 차례밖에 안 열려 실무자들은 엄청난 불편을 감수해야 했다. 퇴짜나 맞는 날엔 계획이 어그러져 보통 난감한 게 아니었다. 심의를 통과하도록 자료를 챙기고 심의위원들을 쫓아다니며 부탁하던 일이 스쳐간다. 지금은 상상도 못 할 일이다.

외화가 부족하던 시절이니 국가가 그렇게까지 통제했다. 심의 통과가 이렇게 어렵다 보니 현장에서는 4~5년 동안 심의를 받지 않아도 될 정도로 컴퓨터 도입 규모를 부풀리는 부작용도 생겼다.

명절 기차표 예약이나 증권 거래처럼 하루 중 특정 시간대, 특정 날짜 및 계절에 처리해야 하는 양이 몰리는 업무를 그것도 몇 년 후까지 견딜 성능을 대비한다는 것은 엄청나게 자원을 낭비하는 일이다. 피크peak 시의 성능을 한 70% 정도 유지하다 보면 평상시의 사용률은 20~30%도 안 되는 경우가 허다하다. 이와 같은 유휴 잉여 성능과 용량을 다른 조직에서 활용할 수 있다면 경제적으로 엄청난 이득이 아닐 수 없다.

이런 배경을 가지고 탄생한 것이 클라우드 컴퓨팅 모델이다. 엄청난 규모의 전산기기를 도입해 자체 데이터센터를 유지하는 소유의 개념에서 이용의 개념으로 전환한 것이다. 데이터센터의 운영은 클라우드 서비스업체에 맡기고, 사용자는 필요한 때에 필요한 만큼 탄력적으로 용량을 늘렸다 줄였다 하면서 이용할 수 있으니 국가적으로도 컴퓨팅파워 최적화를 이루는 셈이다. 한편 기기의 운영에 매달리기보다 컴퓨팅파워의 활용에 자원을 투입할 수 있다. 결국 클라우드 컴퓨팅도 공유경제의 한 모델인 것이다.

자동차를 소유하지 않고 남이 사용하지 않을 때 나누어 타고, 자전거나 스쿠터를 필요할 때만 잠깐 타고, 잔여 주거 공간을 여행자들에게 일시 사용할 수 있게 하고, 사무실도 필요한 기간 필요한 만큼만 사용할 수 있다.

소비의 천국인 미국에서 대부분의 공유경제 서비스가 출발한 것은 아이러니가 아닐 수 없다. 그만큼 그 사회가 경제적 효율성에 매달린다는 방증이다.

개별 소유가 아니라 공유를 하면 소비를 위축시켜 경제가 후퇴할 것처럼 보인다. 하지만 실제로는 공유분만큼의 사용이 현실화되면서 오히려 소비가 늘어나고 공유경제의 규모가 커지는 것을 알 수 있다.

공유 자전거가 생기면서 개별 구매가 줄었을지 몰라도 전체 자전거 이용이 엄청나게 늘어나 자전거 총판매가 늘어난 걸 목격할 수 있다. 포드, 현대 같은 자동차 메이커가 직접 자동차 공유서비스에 눈을 돌리는 이유다. 물론 소비를 촉발시켜 주택 가격이 인상되거나 기존 택시 기사들이 어려움을 겪는 등의 부작용이 있기도 하다.

결국 공유경제는 사장될 수도 있는, '파편화fragment'한 소비를 끌어올리는 효과가 있다.

우리 사회도 더 이상 소유에 집착하지 말고 공유를 일상화해야 한다. 창업회사들은 사무실, 서버, 가구 등의 구매 부담 없이 쉽게 시작할 수 있으며 혹시 사업이 여의치 않더라도 쉽게 정리할 수 있다. 주방, 육아공간, 서재 등의 공간도 공유 개념으로 전환하면 주거 규모도 줄이고 주택 구입의 부담도 줄일 수 있다.

엄청난 돈을 치르고 자산을 소유하는 대신 사용료를 비용으로 지불하는 방식으로 경제 활동 방식이 바뀌는 것이다. 개인이나 기업할 것 없이 공유방식으로 바꾸면 잠긴 자본을 활용해 조금 더 생산적인 일에 투자할 수 있다. 국가적으로도 공유서비스를 제공하기 위한 훨씬 더 많은 일자리를 만들 수 있다.

지금과 같은 소유형 아파트에는 기껏 경비원만 필요하지만 공유형 아파트에는 공유 공간의 온갖 서비스를 제공하기 위하여 일자리를 10배까지도 늘릴 수 있다. 이제 경제 활동을 제조, 판매가 아니라 공유서비스로 탈바꿈해야 한다.

(20/01/23)

06

협업을 해야 한다

  시장을 넓히고 경제성장을 지속하기 위해 세계화를 외치고 나
간 지 30년. 수출에 의존하고 있는 우리 경제의 특성상 우리나라는
WTO, FTA 등의 자유무역 체제에 어느 나라보다 더 적극적으로 대응
해 왔다.

  그 결과 세계시장에서 많은 성취를 이뤘지만 우리 삶은 더 팍팍해
졌다. 전후 30~40년간 이뤄온 것으로 부족하나마 우리가 생산한 걸
먹고, 타고, 소비하면 되었지만 세계시장에 뛰어들면서는 우리의 물
품을 내다 팔아야 하고 시장도 내주는 무한 경쟁체제에 돌입했기 때
문이다.

  자동차 수출 초기 미국 시장에 진출했다 철수하는 수모까지 겪으
면서 이뤄 놓은 우리 자동차의 미국 내 브랜드 인지도가 최근 다시 떨
어지고 있다는 우울한 소식이 들려온다. 그런가 하면 국내에서는 명

품뿐 아니라 신생아 분유까지 직구를 하는 시대로 바뀌고 있고, 자동차 수입액도 수출액과 맞먹을 정도로 우리 시장이 잠식당하고 있다.

무한 경쟁의 단일 시장체제에서는 경쟁력이 없으면 생존이 불가능하다. 경쟁력이 없으면 세계 시장에서 밀려날 수밖에 없다. 국내 소비자의 애국심에도 더 이상 매달리지 못한다. 정부, 교육기관, 정치권, 기업, 노동자 등 모든 경제 주체들이 경쟁력을 갖춰야 한다. 무엇을 하는 것만으로, 적당히 만드는 것만으로 의미를 갖던 때는 지났다. 돈과 자원을 적게 들이면서 최고로, 최적으로 해내야 경쟁력을 가질 수 있다.

최적으로 해내기 위해서는 개인이나 하나의 조직만의 힘으로는 안 된다. 개인이 아무리 유능해도 혼자서는 경쟁력을 담보할 수 없기 때문에 다른 사람의 능력, 경험, 정보 등을 활용해야 한다. 조직은 상하, 다른 부서, 다른 기업, 다른 부처와 함께해야 한다. 즉 협업을 해야 한다.

최근 정부 내에 협업을 담당하는 조직이 생기고, 협업협회도 생기는 등 그 어느 때보다 협업이 강조되고 있기는 하다. 그러나 정부나 정치권에서 제시하는 여러 정책을 보면 여전히 따로따로 놀고 심지어는 서로 조화를 이루지 못하는 경우도 있다. 기업들도 자체 인력으로 모든 걸 해결하는 체계에서 크게 벗어나지 못하고 있다. 속도나 효율성의 경쟁에서 한계를 드러내는 요인이 아닌가 싶다.

협업을 잘하려면 우선 일터Work place의 혁신을 이루어야 한다. 조직, 인사, 평가, 감사 등의 제도가 같이 일할 수 있도록, 같이 일할 이유가 있도록 바뀌어야 한다. 상하 간 또는 다른 부서 간에 형성되어 있는 유무형의 벽을 허물고, 형식적인 회의보다는 실질적인 협업을 할 수 있는 공간을 많이 만들어야 한다.

더불어 화상회의 및 협업툴 같은 IT 기능을 완비해야 한다. 환경의 변화 없이 교육이나 강조만으로는 변화를 이끌 수 없다. 이 밖에도 협업을 위해 바뀌어야 할 문화를 몇 가지 덧붙일 수 있다.

첫째, '담당'이라고 하는 조직 단위의 위상과 역할을 재정립해야 한다. 흔히 담당이라고 하면 일정한 자원을 할당받아 모든 책임과 권한을 갖고 주어진 일을 완수하는 독립적인 조직 단위를 말한다.

그러나 잘하던 못하던 서로 간섭을 하지 않고 알아서 하는 문화에서 벗어나 조직의 체계와 운용을 더 가상화해야 한다. '담당'은 과제의 오너로서 과제의 해결 방안을 널리 구해야 한다.

둘째, 상하 간의 협업이다. 지시하고 보고하는 관계가 아니라 서로 같이 모여 노련함과 신선함을 더해 토론하고 답을 찾는 관계로 바뀌어야 한다. 타 조직과의 협업 이전에 상하 간의 협업이 이뤄져야 한다.

그러기 위해서는 수평적이고flat 상호 직설적인direct 문화를 키워야 한다. 선배들에 대해 인간적인 예의는 갖추되 업무적으로 종속관계에서는 벗어나야 한다. 그래야 협업을 할 수 있다.

셋째, 서로 비판하고 질문하고 토론하는 문화를 키워야 한다. 큰 조직으로 갈수록 회의가 위엄 있게 형식적으로 진행되며, 발표하거나 보고할 때 다른 분야에 있는 사람들이 비판이나 질문을 하지 않는다. 외국회사에 오래 근무한 나로서는 이런 회의를 뭐 하러 하나 싶을 때가 많다.

가령 한 부서에서 6개월 내에 2조 원의 시설 투자를 한다는 발표를 할 때 전혀 관계없는 부서에서도 왜 2조 원인지, 왜 6개월인지, 투자효과는 얼마인지 등등 엉뚱할 정도의 질문을 하며 토론을 해야 한다. 그래야 조직이 건강해지고 투자가 건실하게 효과를 볼 수 있게 된다. 일사천리는 효율적으로 보일지 모르나 건강하지 않다.

지금같이 빠르게 변하고 복잡 다양한 시대에 부서 간, 부처 간, 기업 간 협업을 잘할 수 있는 것이 경쟁력을 확보하는 근간임을 인식해야 한다. 리더십 위치에 있는 사람들이 변화를 강조만 할 게 아니라 앞장서 실질적인 변화를 만들어 주고 변화를 이끌어야 한다.

(16/02/04)

07

스마트시티 전략에
사람과 문화가 빠져 있다

스마트시티 추진전략보고대회에서 대통령이 세계 최고 스마트시티 국가를 천명했다. 한국판 뉴딜에서 밝힌 대로 향후 5년간 10조 원을 투자한다고 한다. 송도를 스마트시티 선도 도시로 꼽아 방문 장소도 송도 스마트시티 통합운영센터를 택했다.

동원된 키워드를 나열해 보면 이렇다. 경제성장 동력, 15만 개 일자리, 108개 지자체 데이터통합플랫폼 구축, 도로·철도 등 인프라 디지털화, 스마트물류시범도시, 100개 스마트 물류센터, 레벨4 자율주행 세계 최초 상용화 등이다.

여전히 총망라된 기술로 도시의 인프라를 구축하고 관리하는 데 초점이 맞춰져 있다. 그 과정에서 경제성장의 낙수효과를 보겠다는 것이 근간이다. 스마트시티를 산업으로 인식하고 있는 것이다. 스마트시티사업을 주관해 본 경험으로 보면 추진전략이 기업의 시각에 머물러 있다.

혁신도시의 문제로 지적되듯이 도시의 외형적인 틀을 만들면서 정작 그 안에서 삶을 영위하는 사람들에 대한 고민이 빠져있다.

스마트도시 또한 도시의 인프라와 도시의 관제가 스마트한 것이 아니라 시민들의 삶이 스마트해져야 한다. 기존의 도시에 비해 삶이 어떻게 바뀐다는 것인지 읽히지 않는다. 스마트시티로 도시문제를 해결한다는데 도시의 문제를 무엇이라고 파악하고 어떻게 해결한다는 것인지 궁금하다.

스마트도시는 기술이 아니라 그 도시 안에서의 여러 제도, 문화, 공간에 의해 이루어진다. 여러 지자체에서 앞다투어 하고 있듯이 출산 장려금을 나누어 줄 것이 아니라 육아를 잘할 수 있는 환경을 내세울 수 있어야 한다. 네덜란드에는 아빠와 아기만을 위한 엄청나게 큰 실내놀이공간이 있다. 아빠가 2년 정도 육아 휴직을 한 후에 어떤 직장이든 또 갈 수 있기 때문에 복귀에 대한 걱정 없이 육아에 전념한다.

미래 인재를 키우기 위한 스마트스쿨이 도시에 만들어져야 한다. 스마트스쿨은 단순히 디지털기기를 갖춘 걸 의미하지 않는다. 교육의 철학과 제도, 과정 모두가 스마트한 교육환경을 의미한다. 학교에 디지털기기를 보급하고 와이파이를 설치하는 예산을 투입하는 것에

만 그칠 일이 아니다.

의료 환경이 어떻게 바뀐다는 것인가. 의료 분야에 가해지고 있는 여러 규제와 갈등을 어떻게 해결할 것인지 답을 내놔야 한다. 늘어나는 노인 인구에 대한 대책도 있어야 한다.

스마트도시 내의 에너지는 어떻게 해결할 것인지, 쓰레기, 미세먼지, 온실가스 배출은 어떻게 줄일 것인지 대책이 있어야 한다. 대책없이 차량의 증가를 허용해 놓고 주차문제를 해결하기 위해 스마트기술을 말할 것이 아니다. 주차장이 확보가 안 된 경우에 차량의 소유를 제한하든지 대중교통으로 도시 교통량을 줄여야 한다. 그 도시의 먹거리 해결 방안은 어떤가. 수직도시농업 등을 통해 땅을 헤집는 농업, 원거리 수송을 유발하는 농업은 바뀌어야 한다.

가장 중요한 새로운 도시의 모습은 공동체를 복원하는 일이다. 어느새 아파트가 우리 생활의 표준으로 자리 잡으면서 공동체가 완전히 망가졌다. 새로운 형태의 주거 공간 모델을 만들어 공동체를 복원해야 한다. 그래야 도시문제도 공동체 안에서 해결할 수 있다.

세계의 많은 도시들은 번화한 도시가 아니라 차량 대신에 사람이 걸을 수 있는 도시를 원한다. 자율주행도 좋지만 뉴욕도, 런던도, 브라질도 사람들을 위해 도로를 폐쇄시키고 있다.

도시의 많은 문제의 해결은 기술이 아니라 생각의 전환을 필요로
한다. 기술을 앞세워 세계의 앞서가고자 하는 도시들이 내걸고 있는
철학에 반하는 도시를 꿈꾸는 건 아닌지 묻고 싶다. 스마트도시는 기
술로 덮여있는 도시가 아니라 문화가 넘쳐나는 도시이다.

솔직히 말하면 우리보다 기술이 앞선 나라들이 많다. 스마트시티
를 수출하겠다고 나설 것이 아니라 제대로 된 도시 하나라도 만드는
걸 보고 싶다. 지역균형발전을 하겠다고 만들어 놓은 많은 혁신 도시
들이 스마트하다고 생각하는지 묻지 않을 수 없다.

(20/11/02)

08

'재택'이 전가의 보도가 아니다

K-방역의 핵심은 모임과 이동을 금하는 것이다. 한편으로는 확진자를 부지런히 찾고 동선을 파악해 감염 전파를 차단하고 있다. 정부는 '재택'을 가장 확실한 격리 방안으로 제시하고 있다.

'재택'이란 집에 머무르는 걸 말한다. 그런데 그냥 머무는 게 아니라 일을 해야 하고 온라인교육이 가능한지 점검되어야 한다. 미국이나 유럽에서 보편화되었다고 해서 우리도 그냥 받아들일 일이 아니다.

당사자의 환경에 대한 고려 없이 정부나 기업이 일방적으로 재택근무를 하라고 하는 것은 무책임하다. 독립적인 업무공간을 갖출 수 있는 주택을 갖고 있는 사람이 얼마나 될지 짚어야 한다. 집에 머물기만 하면 되는 게 아니라 홈오피스Home Office가 있어야 하는 것이다.

시간은 자유롭게 쓰더라도 공간이 가족으로부터 어느 정도 독립이 가능해야 한다. 여러 명의 가족이 한 공간에 뒹구는 가정이 태반인 우리의 현실에서 재택근무를 하라는 것은 방기放棄에 가깝다.

20여 년 재택근무 제도를 잘 운영하고 있는 유럽의 한 기업은 개인의 공간을 회사가 업무공간으로 빌렸다고 여기고 있다. 각자의 집에 있는 공간이지만 표준 환경을 제공하려 노력한다. 보안이 유지되는 가상사설망Virtual Private Network 같은 통신, 업무에 필요한 소프트웨어가 구비된 IT 기기, 심지어 규격화된 책상까지 제공된다.

통신비를 비롯한 일정 비용이 제공되며, 인쇄용지를 포함한 사무용품은 주문하면 배달해 준다. 무조건 집에서 일하라고 하는 게 아니라 회사에 사무실을 제공해 주지 않는 대신에 흩어져 있는 각자의 홈오피스를 관리하는 것이다.

주택에 널찍한 공간을 사무실로 마련할 수 있는 서구의 국가들과 우리는 다르다. 구성원들의 주거 환경 조사를 통해서라도 우리만의 근무환경을 찾아야 한다. 주거지에 일정한 조건에 맞는 오피스를 마련할 수 없는 사람들을 위한 소규모 위성사무소Satellite Office를 만들 수도 있다. 필요에 따라 여러 기관 또는 회사가 공동으로 이런 사무소를 마련할 수도 있다. 아파트단지, 지하철역사 등 곳곳에 재택 대신 일할 수 있는 공간을 만들어야 한다. 일본의 몇 개 대기업은 공동으로 동경의 순환선(야마노테 선) 주요 역에 공유오피스를 만든 바 있다.

교육도 마찬가지이다. 온라인으로 교육이 가능한 가정이 얼마나 되는지 기본적인 조사도 안 된 상태에서 학교 문을 다 닫기만 하는 것은 너무 무책임하다. 방 한 칸에 여러 명이 주거하는 열악한 가정이 수백만이나 된다. 또 부모의 보살핌은 어떤지, 통신기기 소프트웨어 등 환경은 어떤지, 온라인 수강 능력은 어떤지 살펴야 할 것 아닌가.

또 교육은 단순히 온라인으로 지식만 전달해서 되는 일이 아니다. 실기, 실습은 물론 체육 등의 신체 발달, 사회관계 속에서 발달되는 인성 등은 온라인으로는 한계를 가질 수밖에 없다. 천차만별의 환경 속에서 온라인교육만 앞세우는 교육당국을 보면 답답하다.

사교육 시장에서는 규모의 제한을 피하기 위해 소규모 그룹과외를 준비하고 있다 한다. 사교육으로서는 생존을 위한 방안이지만 역할을 포기하고 있는 공교육과 대비되어 결과적으로는 교육격차를 심화시킬 것이다.

환경도 구비 안 된 온라인만 외칠 일이 아니다. 현실도 못 보면서 비대면 교육을 위한 통신비를 지원하겠다니 한심하다. 인천 형제 화재 사건에서 보듯이 통신비 문제가 아니다. 부모가 보살피지 않아 생긴 사고이지만 무조건 학교를 닫고 보는 정부도 책임을 면할 수 없다. 학교를 닫으면 부모의 손이 미치지 못해 방황하며 몰려다닐 청소년들이 얼마가 될지 알 수도 없다.

학원처럼 소규모 교실micro class로 전환하고 등하교를 포함해 철저한 방역 조치를 해서 학교 중심의 교육 방안을 찾아야 한다. 그나마 학교를 안전한 장소로 만드는 것이 오히려 빠르고 옳은 길이다.

업무나 교육이나 재택이 전가의 보도가 아니다.

(20/10/02)

상시적 팬데믹 시대,
기존 사무실 개념은 잊어라

지난 10여 년 동안 우리 사회의 업무 공간에 많은 변화가 있었다. 민간에는 획일적인 공간을 벗어나 창의적인 모습을 뽐내는 곳이 늘었다. 공공 영역 역시 여러 해에 걸친 행정안전부의 선도적인 활동으로 꽤 많이 바뀌었다. 신청사를 짓는 기관들 역시 저마다 완전히 새로운 내부 공간을 만들기 위해 고민한다.

소통과 협업을 강화하고 창의적으로 일할 환경을 만드는 것을 그 목표로 하고 공간을 개방화하면서 사유공간 최소화, 공유공간 확대를 추구하며 그 결과로 업무 효율이 높아지고 개인 삶도 나아지기를 희망하고 있다.

더구나 '코로나19'는 업무 환경에 큰 변화를 요구한다. 그렇게 강조해도 잘 받아들여지지 않던 재택·원격 근무제와 같은 비대면 업무를 어느덧 당연시하는 시대가 됐다.

이렇게 미래 모습을 향해 달려가던 조직들이 요즘 혼돈에 빠졌다. 지금은 급한 대로 방역에 효과가 있는지 없는지에 대한 확신도 없이 이런저런 조치들을 취하는 실정이다. 또다시 칸막이가 강화된 사무실로 돌아가야 하는 게 아니냐는 목소리까지 나온다.

여기저기 오래도록 붙어있는 항균 필터는 오히려 위생에 더 나빠 보인다. 어설프게 칸막이를 세운 플라스틱 판이 얼마나 도움이 될지 확신도 없다. 칸막이를 쳤다 해서 바이러스가 전파되지 않는 것도 아니다. 초기에 집단 감염을 일으켰던 콜센터만 해도 철저하게 개인별 칸막이를 둔 업무 환경이었다. 공기 흐름(환기)과 밀집도가 오히려 감염에 악영향이 많을 것으로 보인다.

지금과 같이 일하는 방식을 그대로 놔두고 비과학적인 조치를 하거나 심지어 시대 역행적 발상을 할 게 아니다. 아예 상시적인 팬데믹 상황을 상정하고 업무공간을 어떻게 바꿔야 할지 심도 있는 검토가 필요한 시점이다.

우선 재택근무 등 유연근무를 정착시킬 계기로 삼아야 한다. 방역단계에 따라 근무자 밀도도 조절해야 한다.

지정 좌석이나 사무실이 아니라 재택까지 포함해 언제 어디서라도 일하도록 하는 것이 필수적인 시대가 된 것이다. 이를 위해 IT 환경을 비롯해 근무규정 같은 필요 조치를 마련해야 한다. 십 수 년째 말만 하던 것을, 코로나가 준 선물로 여기고, 이참에 바꿔야 한다.

샌프란시스코 지역 많은 기술 기업들이 상시적인 재택근무에 돌입했더니 사무실 비용과 주택 가격이 떨어졌다고 한다. 내가 근무한 영국회사는 코로나가 없던 2000년대 초에 이미 10만 5000명 직원 중 6만 5000명의 지정 좌석을 없앴다. 1만 5000명이 재택근무를 했다. 전국에 흩어져 있는 작은 사무실 건물 300개를 처분해 1조 원의 현금을 확보하기도 했다.

성능과 기능이 좋은 영상 시스템도 갖춰야 한다. 내부 업무뿐 아니라 대민 업무도 어설픈 플라스틱 칸막이가 아니라 영상과 IT 기능으로 대체할 수 있다. 화상으로 안내하거나 단말에서 스스로 처리하는 것이다. 민원실 업무도 차제에 공무원은 사무실에서, 민원인은 화상과 특정 기기를 갖춘 방에서 처리할 수도 있도록 바꿀 수 있다. 10년 전 미국 IT 회사를 방문했을 때 영상을 통해 출입 안내를 받은 경험이 있다.

인류 역사상 경험하지 못한 상황이 벌어졌는데 정치권은 혁신도시로의 물리적인 이전과 같은 원시적인 토론만 벌인다. 답답하기만 할 따름이다. 일하는 환경과 방식의 변화에 따라 기존 개념의 청사, 사옥, 사무실 개념을 송두리째 바꿔야 한다. 정부기관 청사 기준도 새로 정의해야 할 것이다. 중앙 청사에 투입한 예산도 줄이고 이를 통신과 IT, 원격근무센터와 같은 기능에 투입해야 한다.

팬데믹 상황에서 질병 전파 차단을 넘어 시스템을 어떻게 전환(디지털 트랜스포메이션: Digital Transformation)하느냐에 따라 국가 미래가 달렸다.

(20/09/14)

10
'집 안에서만 살기' 실험 기회를 준 코로나19

코로나19로 아이들이 등교를 못 하니 온라인교육을 도입하고 영상회의가 늘어난 것이 한국사회의 큰 변화 중 하나다. IT 강국이라고 하면서도 문화적인 이유로 안 바뀌던 것을 코로나19가 바꿔 놨다. 청와대는 게임으로 만든 청와대 경내를 어린이들이 찾아 둘러볼 수 있게 했다. 대학이나 호텔이 수년 전부터 입학이나 투숙 전에 사전 투어를 시키던 방식이다. 코로나19로 인해 해마다 해온 어린이를 초청하는 행사를 할 수 없으니 나온 고육지책이다. 한 오락 프로그램은 세계 관객들을 영상으로 연결해 랜선LAN Cable 공연을 하기도 했다.

십 수 년 전 중국산 제품이 범람하는 세상의 변화를 실감토록 한 리얼리티 다큐 프로그램이 있었다. 중국산 제품을 가장 많이 수입하는 한미일 3국의 세 가정을 선정해 '메이드 인 차이나 없이 한 달간 살아보기'를 한 것이다.

한국 가정은 우산이 없어 세탁소 비닐을 뒤집어 썼고, 일본 가정은 70%나 되는 중국산을 골라내는 데 이틀이나 걸렸다. 미국 가정은 장난감, 커피머신, 컴퓨터 등 일상의 중요한 것들을 다 뺏겨 신경을 곤두세웠다. 쇼핑몰을 이미 중국산 전자제품이 장악해 새로 구매할 수도 없었다. 중국산 제품이 없이 살기가 거의 불가능함을 간접적으로 경험한 기회였다.

2000년대 초 인터넷이 빠르게 전파되자 사이버세상 속 비즈니스 모델과 경험 역시 빠르게 확산됐다. 그중 '세컨드라이프'라는 회사는 대표적인 가상세계의 표본이다. 누구나 찾아와 집도 만들고, 광고판도 만들고, 소셜활동도 하고, 비즈니스도 하는 가상의 세상을 만들어 놓았다. 기술적으로는 리니지 같은 온라인게임과 유사하나 가상세계에 참여해 같이 만들고 경험하도록 하는 게 다르다. 반면에 게임은 자신들이 만들어 놓은 대로 빠져들도록 한다.

여기에 사회문화적 배경이 깔려 있다. 우리 문화는 정해진 길을 잘 따르도록 강요하는 반면에, 서양의 문화는 다양한 상상을 유도하고 참여해 같이 협업하도록 한다.

코로나19의 영향으로 세상이 많이 바뀔 것 같다. 그 변화를 예측하고 빠르게 변하는 기업은 살아남을 것이며, 아니면 망하고 말 것이다. 문화와 교육의 영향으로 우리가 IT의 발전과 코로나로 인한 변화를 상상하고 대응하는 데 한발 늦지 않을까 우려된다.

미국에 혼자 사는 모 교수는 코로나에 대한 두려움으로 벌써 두달째 두문불출 집안에서만 머문다. 방학 때만 한 과목 정도 했던 온라인 강의를 학기 내 전부 하는 것으로 대체했다. 영상회의도 하고 논문 읽기, 쓰기도 집 안에서 한다. 마트에 가는 대신 재료를 모두 온라인으로 시켜 안 하던 요리를 열심히 한다. 특별히 먹고 싶은 음식도 온라인으로 주문해 해결한다. 옷을 살 일도 없고, 세탁도 줄었다. 온라인으로 한국 TV도 보고 영상으로 모여 노래도 같이 부르고 음악 영화 감상도 같이 한다. 집 안에서 약간의 운동을 한다. 밖에 안 나가니 시간은 더 많이 남는다. '세컨드라이프'에서 시도했던 것을 '리얼라이프'에서 하는 셈이다.

유치원생을 키우는 내 딸도 아예 마트, 슈퍼, 시장, 백화점을 가지 않는다. 쌀, 육류, 생선, 채소, 과일 등의 식재료는 물론, 옷, 도서, 장난감, 빵, 아이스크림 등 온라인과 전화로 못 사는 게 없다. 그것도 소량, 새벽 가리지 않고 원하는 대로 다 배송이 가능하다. 오프라인 매장이 필요치 않으며 집 안에서만 살아도 전혀 불편을 못 느끼고 오히려 여유를 즐기는 듯하다.

세상은 이미 제조업에서 서비스로, 오프라인에서 온라인 중심으로, '컨택(Contact: 접촉 또는 대면)'에서 '언택(Untact: 비접촉 또는 비대면)'으로 바뀌고 있다. 새로운 사업이 뜨고 상당히 많은 사업이 사라질 것이다. 미국에서는 이미 여러 의류회사, 백 년이 넘은 대형 백화점들이 파산에 직면했다는 소식이다.

일자리도 마찬가지이다. 많은 일자리가 사라지고 새로운 일자리가 등장할 것이다. 놀라운 것은 그 어느 때보다도 변화의 속도가 빠르다는 것이다. 전환 계획이나 준비를 위한 말미도 주지 않을 것이

다. 하루아침에 망하거나 일자리를 잃는 경우가 많이 늘어날 것이다. 그야말로 선제적으로 대비해야 한다.

　이런 큰 물결이 다가오고 있는데도 정부는 기존 산업과 일자리를 그대로 유지하고 보호하는 것만을 정부 역할로 착각하는 듯하다. 미래부처가 명실상부하게 새로운 세상을 상상하고 전환을 제대로 뒷받침해야 한다. 과학기술의 관점을 넘어 새로운 사회를 설계하고 대비할 능력과 권한을 가져야 한다.

(20/05/09)

II
유능한
정부를
원한다

01
공공기관 평가,
자율과 공정의 틀을 만들어야 한다

2020년 공공기관 평가에서 평가배점 적용의 잘못과 점수 입력 누락 오류가 발생하는 촌극이 빚어졌다. 결국 10개 기관이 등급 조정을 받았다. 평가 오류에 대해 기재부 차관은 간단한 사과를 했다. 공공기관을 평가를 하면서 자신들의 잘못에 대해서는 더 이상의 책임 있는 조치가 없는 듯하다. 안 그래도 기재부는 정부기관에 대해서는 예산으로, 공공기관에 대해서는 평가로 상급기관 노릇을 하고 있다고 비난을 받고 있는 상황이다.

그럼에도 불구하고 정치권에 대해서는 재정정책, 세제, 재난지원금, 주택정책 등을 놓고 의견 대립을 보이며 머리를 들다가 결국 힘없이 꼬리를 내리는 모습을 반복하고 있어 안타깝다.

기재부에서는 공공기관 평가제도를 전면 개편한다고 한다. 제도가 도입된 지 37년 만에 전면 개편 방침을 밝힌 것이다. 제도 도입 초기와 달리 공공기관의 수는 계속 늘어나 350개나 된다. 이렇게 많은 기관을 평가하는 것은 방대한 작업이다. 그뿐 아니라 몇 달 안에 외부의 평가위원들에 의뢰해 이루어지니 부실해질 수밖에 없다. 그러니 피평가기관들은 드러내지는 않지만 불만이 많다. 평가가 기관들의 경영에 순기능으로 작용하는 것이 아니라 평가에 반응케 하는 역작용을 낳기도 한다. 공공기관은 전 직원의 성과급이 평가에 달려있어 해마다 노심초사하며 평가에 매달린다.

기재부가 평가에서 손을 떼기를 제안한다. 기관별 평가 기준을 제시하고 평가 자체는 자율에 맡기는 방안을 찾아야 한다. 적어도 해당 부처에 평가를 넘기고 기재부는 자율 경영의 기반을 만들어야 한다.

공공기관 운영에 관한 법률에서는 경영실적 평가제도를 자율과 책임경영체계를 확립하기 위함이라고 밝히고 있다. 법률대로 37년간 진행했는데도 목적대로 자율책임 경영이 달성되지 않았다면 지속할 것인지 돌아봐야 한다. 민간기업이 스스로 경영 목표를 설정하고 매년 경영 실적 보고를 하듯, 공기업이나 준공공기관도 자체 목표와 정부의 시책을 반영해 스스로 평가할 수 있을 것이다. 필요하다면 사후의 감사제도를 활용하면 된다.

기존의 방식대로 유지하면서 제도적인 보완을 한다면 적어도 평가 방법과 평가 편람의 구성을 바꿔야 한다.

우선 평가단 구성과 역할을 강화해야 한다. 교수, 회계사 등의 명망가들을 평가단에 포함시켜 놓고 그들의 재능기부에 의존하는 정도로는 평가에 심혈을 기울일 수 없다. 상시 전문 평가단을 꾸리고 그 작업에 상응하는 예산을 투입해야 한다.

평가의 신뢰도와 변별력을 높여야 한다. 60%에 달하는 비계량지표의 계량화 비율을 높여 평가의 자의성을 줄어야 한다. 좋은 경영지표는 평가자의 평가와 피평가자의 스스로의 평가 사이에 간극이 적어야 한다.

매년 반복되는 계획을 따르는 공공기관의 특성상 기본 경영 평가는 큰 차이를 보이지 않는다. 반면 22~24%에 달하는 일자리창출, 사회통합, 안전, 환경, 상생협력, 윤리경영 같은 사회적 가치구현이라는 시대적 요구에 의해 반영된 항목들은 큰 편차를 보인다. 따라서 경영 전반의 평가가 76~78%에 달하지만 편차가 크지 않기 때문에 공공성에 의해 평가의 등급이 결정되는 형국이다. 사회적 가치구현의 비중을 줄이든지 경영효율과 공공성 평가의 변별력과 편차를 조정할 필요가 있다.

평가 편람에서 요구하는 평가 항목은 조직의 활동에 일관된 메시지를 주어야 한다. 비정규직전환, 청년미취업자고용, 시간선택제 일자리 등 일자리창출을 강조하면서 노동생산성을 평가하겠다는 것은 모순이거나 혼돈스럽다.

기관의 특성을 무시한 일괄적인 평가 항목은 형평성을 해칠 수 있다. 안전 경영이 강조되면서 산업재해 발생 여부와 안전법령 준수를 평가하고 있다. 사고 위험의 내재 유무, 기관의 규모를 무시하고 단순히 재난사고의 발생유무만으로 평가하는 것은 타당치 않다.

차제에 평가가 공공기관을 순응시키는 것이 아니라 창의적으로 자율경영을 할 수 있도록 바뀌어야 한다. 기관 설립의 목적에 부합하도록, 피평가자들이 동의할 수 있는 평가가 이루어지도록 평가의 신뢰도, 변별력, 합리성을 높이기 바란다.

(21/08/10)

02

쓰나미에 맞설 것이 아니라
빅데이터로 피하는 길을 찾아라

조금 높은 파도는 즐길 수 있어도 쓰나미는 막아설 수 없다. 피하는 길을 찾아야 한다. 우리 사회에는 여러 가지 쓰나미가 엄습하고 있다. 저출산으로 시작된 인구 감소 쓰나미, 전통적 유통시장에 닥친 온라인 유통 쓰나미, 지방 소멸 쓰나미 등이다.

답답한 것은 정책 당국이나 정치권이 이런 쓰나미를 정면으로 막아서려 한다는 것이다. 이런 헛된 노력이 돈을 낭비하는 것은 물론 시간만 허비해 상황을 더 악화시키고 있다.

인구감소 쓰나미로 가장 먼저 영향을 받는 곳이 교육 현장이다. 금년 대학(전문대학 포함) 입학생이 15년 만에 최저를 기록했다고 한다. 2000년대 초반 68만 명에 달하던 것이 50만 명 밑으로 떨어진 것이다. 수년 내에 10만 명 이상 더 줄어들 것으로 예상하기도 한다. 경남

북, 전남북, 충북, 강원 등 서울에서 먼 지역일수록 더 많이 줄어들고 있음을 알 수 있다.

이런 상황에서 대학이나 교육 당국에서는 여전히 지원을 늘린다는 속 편한 소리나 하고 있다. 지속적인 출산율 감소로 오래 전부터 예상되었던 일인데 아무 대안도 마련하지 않고 있다가 닥치고 나니 지원을 요구한다.

지원금을 늘리고, 등록금 인상을 허용한다고 해서 입학생이 늘어날 것으로 보이지 않는다. 지방의 경쟁력 없는 대학을 퇴출시키든, 지방의 균형발전을 위해서 나름 경쟁력 있는 지방대학을 유지시키든, 서울에 있는 대학들의 정원을 줄이든 특단의 대책을 세워야 한다.

온라인 유통 쓰나미도 마찬가지다. 코로나로 더 가속화되기는 했지만 온라인 유통 쓰나미는 회복하기 힘들 정도로 타격을 주고 있다. 이 역시 충분히 예상되고 지적되었던 일인데 재래시장 살린다, 중소상공인 지원한다 하면서 예산만 낭비하고, 시간만 끌고 회복하기 힘들 때까지 방치하고 있다. 역시 쓰나미는 막아설 수 없다.

재래시장을 살린다고 수십조 원은 퍼부은 것 같은데 결과는 어떻게 되었는가. 시설 현대화하고, 수천만 원짜리 냄비 조형물을 지붕에 얹고 해봐야 소용없는 일이다.

쿠팡이 대형화재를 내고, 여러 수탈적, 불법적 행위를 했다고 사회적으로 아무리 비판을 해도 택배와 결합된 온라인유통 쓰나미는 멈출 수 없다. 이런 상황에서 서울 시내에 백 개가 넘는 전통시장이 유지될 수는 없는 것이다. 전통시장을 살리는 것이 아니라 다른 형태로 개발 또는 퇴출시키는 길을 찾아야 한다.

중소상인의 수가 절대적으로 많은 상황에서 중소상인들을 힘들게 하는 최저임금인상 같은 정책을 도입하면서 다른 한편으로는 지원금을 계속 퍼붓고 있는 것은 앞뒤가 맞지 않는다. 중소상인들이 어려운 것은 코로나로 인한 일시적인 현상이 아니다. 코로나가 지나고 나면 나아질 수 있는 상황이 아니다. 마땅히 할 일이 없는 상태에서 경쟁력도 없이 시작한 중소상인이 너무 많다. 단기간에 숨이 넘어가니 중소상인들을 지원한다 하더라도 근원적으로는 중소상인들을 줄이는 정책을 써야 한다. 다른 한편으로는 대기업을 옥죌 것이 아니라 그들을 통해 고용을 늘릴 수 있도록 해야 한다. 궁극적으로는 기업에 우호적인 정책으로 일자리를 늘려야 해결될 수 있다.

몇 년 전 기초자치단체의 1/3이 소멸할 것으로 예측하는 연구발표도 있었다. 저출산고령화가 빠르게 진행되면서 농촌, 산촌에 대대로 집성을 이루고 살던 마을들이 해체되고 있다. 섣불리 소멸을 막겠다고 대들며 지방균형발전, 지방분권을 외칠 것이 아니라 국토와 행정구역의 정비 계획부터 세워야 한다. 지방으로 강제 분산하고 신도시 만들며, 균형발전 한다고 지역공항 만들고 수도권으로 이어지는 도로만 개설하면 오히려 수도권이나 신도시로의 흡입효과가 빨라짐을 알아야 한다. 이제라도 산림으로 환원할 마을을 정하고, 행정구역을 통폐합하고, 기업, 학교, 의료, 문화 시설을 분산 배치하는 등 국가 재편 계획이 필요한 시점이다.

빅데이터, 인공지능 산업을 일으키겠다고 설레발칠 것이 아니라 빅데이터를 활용해 쓰나미를 피하는 대책이나 마련하기 바란다.

(21/06/28)

03

공공 주도의 정책 기조를 바꿔야 한다

2.4 부동산정책을 놓고 토론 방송이 있었다. 부동산 전문가와 여야 국회의원이 토론자로 나섰다. 여당 쪽 주장의 핵심은 개발 속도를 높이고 개발 이익을 최대한 환수하기 위해 공공 주도의 개발을 해야 한다는 것이다. 야당 쪽에서는 우선 정부가 민간을 믿지 못하는 데 문제가 있다고 지적했다. 이번 정책에서 제시된 특혜적인 조치들을 민간에도 똑같이 부여하면 더 효율적으로 할 수 있다는 주장이다.

민간이 주도하는 재개발 방식은 민간 건설사들이 개발 이익을 너무 많이 챙겨 주택 가격을 높이며, 재개발에 따른 갈등 조정도 제때에 못한다고 한다. 개발 주체인 조합이 민간업체를 제대로 제어하지 못하기 때문에 공공이 나서야 한다는 것이다. 진행을 빠르게 하기 위해 2/3 만 주민동의를 받으면 현금 보상한 후 수용할 수 있는 법도 만들었다.

 LH사태를 차치하더라도 공공이 민간보다 효율적이라는 생각에 동의할 수 없다. 과거 주공아파트와 민영아파트의 차이에서 보듯 가격은 좀 낮출 수 있을지 모르나 부실까지는 아니어도 질이 떨어질 것은 뻔하다. 공공이 주도해도 공사는 민간이 하기 때문에 질이 떨어지지 않을 거라 반론하고, 소비자들로부터 외면받을 수 있다는 지적에 대해 민간 시공업체의 브랜드를 아파트명으로 사용케 한다고 하지만 이는 '눈 가리고 아웅' 하는 격이다.

 현실과 현장도 더 파악해야 한다. 핑크빛으로 포장된 쪽방촌 공공개발이 '결사반대'에 부딪치고 있다. 쪽방촌이 개발되어야 한다는 건 개발자나 정책당국의 시각이지 내부인의 처지와는 동떨어져 있다. 쪽방에 거주하고 있는 사람들은 기초생활조차도 어려운 실정이다. 더 나은 임대주택을 만들어줘도 감당이 안 될 처지인 것이다. 주거만이 문제가 아니라 삶이 영위될 수 있는 종합적인 지원대책이 필요하다. 그 지역에 쪽방이 있어 모인 것이지 굳이 그 장소를 고집할 필요도 없다. 다른 장기 주거지역의 재개발과는 원주민의 개념이 다른 것이다.

 한편 쪽방을 임대하고 있는 사람들로서는 현재의 쪽방이 최고의 투자 수익률을 보장하는 투자처이다. 제곱미터당 6만 원의 임대료는 최고급 아파트와 맞먹는 수준으로, 공공개발을 통해 현금으로 보상 받는다 해도 수익원을 빼앗기는 꼴이니 결사반대하는 것이다.

발상을 바꿔야 한다. 역사적으로 주요 철도역 인근에 형성되었던 쪽방촌을 초소형 임대아파트단지로 바꿔 또다시 준슬럼지역으로 만들 것이 아니라 최고의 지역으로 탈바꿈시켜야 한다. 그 개발 이익으로 소유주도 만족시키고 쪽방 주민들을 종합 지원할 수 있는 재원으로 활용해야 한다.

재개발을 통해 동경의 롯폰기 힐즈, 뉴욕의 허드슨 야드, 싱가포르의 마리나베이 같은 도시의 명품지역으로 재탄생시키는 발상의 전환이 필요하다.

민간에 맡겨 둘 수 없어 공공이 나선다는 것은 시대착오적이다. 공공이 민간보다 더 효율적이거나 창의적일 수 없다. 공공이 지닌 수단은 강제력 동원이다. 강제력 행사에 따른 갈등만 커지고 오히려 개발이 늦어질 우려도 있다. 도시의 미래를 내다보고, 시간이 걸리고 힘들더라도 참여자들의 이해관계를 충족시키면서 재개발해야 한다. 정부의 부동산 정책 실패를 덮기 위해 졸속으로 불과 얼마 되지 않는 주택 공급을 늘리겠다며 재개발 카드를 제시하는 것은 옳지 않다.

민간의 창의와 자율을 키우지 않고 공공이 더 효율적으로 해결할 수 있다고 믿는 정책적 기조를 바꿔야 한다. 주택, 일자리, 의료, 심지어 제로페이, 음식배달까지 공공이 직접 해결하겠다고 공공을 계속 확대시키는 것은 국가의 효율을 떨어뜨릴 뿐 아니라 미래의 부담으로 돌아올 것이다. 민간의 역량이 부족하던 60~70년대에는 국가 주도로 설계하고 건설할 수밖에 없었다. 그러나 이제 민간부분의 인재, 자본, 기술 등의 역량은 공공을 압도하고 있다. 공공은 어디까지나 민간이 할 수 없거나 민간의 손이 미치지 못하는 영역에 보완적으로 나서야 한다.

민간을 불신하고 교화나 징벌의 대상으로 여기거나 처벌 만능주의 기조에서는 민간의 창의가 발현될 수 없다. 국가가 모든 문제를 직접 해결하겠다고 나서는 사회주의적 발상으로는 국가의 미래를 기대할 수 없다.

(21/03/09)

04

과학적인 정부를 원한다

　근처에 사는 딸, 사위, 손주를 설날에 만날 수 없다. 사위가 직계 가족이 아니어서 5명이 모이면 안 된단다. 도대체 이런 규칙은 누가 무슨 근거로 만들었는지 의아하다. 어떤 과학적인 분석의 결과인지도 알 수가 없다.

　전쟁에 준하는 팬데믹 상황에서 국민의 삶을 제한하는 데 막연한 감이나 행정편의적으로 줄 긋듯이 할 일이 아니다. 5명과 10명이 방역상 얼마나 차이가 있는지, 5명이 가정 내에서 만나는 것과 식당에서 만나는 건 또 어떤 차이가 있는지 적어도 모델 분석이라도 해야한다. 선택적으로 엄마의 성을 따르게 하자는 시대에 직계, 비직계를 기준으로 나누는 건 또 뭔가.

　실행에도 현실성, 형평성, 타당성이 없다. 5명 이상이 2팀으로 나누어 식당을 예약하는 경우는 어떻게 제한하겠는가. 연휴에 부모도 못 보러 오는데 썰매장, 스키장에는 부모와 아이들로 대혼잡을 이루는 걸 어떻게 해석해야 하는가.

업종별 특성에 대한 고려도 없이 일괄적으로 소상공인, 영세상인들의 영업여부나 영업시간을 9시로 정한 것도 그렇다. 저녁 9시와 10시가 방역에는 얼마나 차이가 있는지, 경제에는 얼마나 영향이 있는지 시뮬레이션이 있어야 할 것이 아닌가. 영업시간도 식사시간에 맞춰야 하는 곳과 식사 후에 주로 영업이 이루어지는 업종을 구분해야 할 일이다.

확진자도 획기적으로 줄이지도 못하면서 모든 걸 다 금지시켜 경제를 파국으로 만들어 놓고 보상한단다. 법도 만들고 100조 원 이상의 예산도 쓰겠다고 하지만 전혀 세밀하게 과학적인 접근을 하고 있는 것으로 보이지 않는다. AI 데이터센터를 만드는 게 중요한 게 아니라 이런 재난 상황에 빅데이터와 AI를 활용한 대처가 앞서야 한다. 피해를 줄이면서 장기적인 방역에 성공하려면 줄긋기가 아니라 지역, 업종, 행위들에 대해 핀셋 대책이 필요하다.

시도 때도 없이 스마트폰을 울리는 재난 문자만 해도 그렇다. 아날로그적으로 지역별, 지점의 확진자 수만 통보할 것이 아니다. 확진자의 동선을 지도에 표시함으로써 기상도와 같이 지역별 확진자 밀도를 더 직관적으로 확인할 수 있을 것이다. 상대적으로 좀 더 안전한 지역을 한눈에 파악할 수 있게 된다. 수도권 경계지역의 경우 경계선 한쪽은 2.5단계, 다른 한쪽은 2단계인 것이 비과학적이고 행정 편의적이라는 거다.

지자체의 면적, 인구, 인구밀도 등의 차이도 없이 그냥 확진자 수로만 통보되는 것 또한 비과학적이다. 절대수가 아니라 상대적으로 표시하여 확률적인 위험도를 판단할 수 있어야 한다. 각자의 활동과 동선에 따라 감염 확률이 어떠한지 인지토록 해야 한다.

과학적이고 가장 확실한 구체적 방역 지침을 마련해 각자 책임하에 일상을 영위하도록 해야 한다. 방역 지침을 위반해 확진자를 확산시킨 경우에 배상이든, 벌금이든 부과하는 것이 더 합리적이다. 이제 장기적이고 반복적인 팬데믹에 대비해야 한다. 방역과 경제 사이의 균형을 과학적으로 판단해야 한다.

탈원전도 그렇다. 중국 동해안에 수십 개의 원자력이 가동되고 있는데 주로 북서풍의 영향이 큰 한반도에 살면서 원자력의 안전을 논하는 건 앞뒤가 안 맞는다. 이웃 일본을 비롯해 여러 선진국이 탄소제로를 달성하기 위해 원전밖에 없다는데 공약을 빌미로 탈원전을 고집하고 있다. 지금이라도 원자력발전의 경제성과 안전성에 대한 과학적인 접근이 필요하다. 무리한 태양광의 확대로 인한 산림훼손, 수상 생태계 교란, 태양광모듈 쓰레기 등도 같이 검토되어야 한다.

문 대통령은 신년회견에서 "우리정부는 과거정부에 비해 주택공급을 많이 늘렸다. 부동산투기를 잘 차단하면 될 것이라고 생각했는데 안정화에는 성공하지 못했다"고 부동산 정책실패를 처음 실토했다. 인구감소에도 불구하고 작년 61만 세대가 늘어 예측했던 공급물량보다 수요초과로 부동산 가격을 부추겼으며, 시중유동성과 저금리로 부동산시장으로 자금이 몰렸다는 걸 실패이유로 설명했다.

정책실패보다 그 설명에 더 아연실색할 수밖에 없다. 주택정책 당국자들이 가구 수의 변동 하나도 제대로 파악 못 하며 정책을 폈다는 말인가. 그러니 정책이 성공할 수 없는 게 아닌가 싶다. 우리나라의 수준이 그 정도밖에 안 되는가 싶어 화가 날 지경이다. 통계청을 포함해, 그 많은 경제, 주택 연구소들은 다 무엇을 하였길래 대통령이 이런 황당한 설명을 내놓는가. 정부는 믿음으로가 아니라 과학적으로 일해야 한다.

(20/02/08)

05

데이터를 조금만 봐도 알 걸

이번 정부의 정국 운영 기조는 기본적으로 기존의 정책, 제도, 관행, 시장, 역사를 부정하는 데에서 출발한다. 적폐, 불법, 해악, 불공정 등으로 규정하며 뒤집기를 하고 있다. 확신을 갖게 된 근거를 알기 어려우나 본인들의 판단을 지고의 선으로 여기고 좌고우면左顧右眄 없이 힘으로 밀어붙이고 있다.

민주주의 원리까지 훼손하며 다수 힘으로 일방적 행위를 정당화하고 있다. 자신들과 판단이 다르면 사법부의 판결까지 부정하며 판사의 탄핵을 서슴없이 꺼내기도 한다. 불투명한 판단 근거와 비과학적인 현실 인식을 바탕으로 적법적 절차를 무시하고 돌진하는 일이 비일비재하다.

탈원전 정책 역시 이렇게 결정되어 과학계와 에너지 산업계를 양분하고 있다. 정권이 바뀌면 가장 먼저 뒤바뀔 정책으로 꼽히고 있다. 검찰개혁 또한 정확한 사실과 증거, 절차적 정당성과 합의 정신을 무시하고 밀어붙이며 혼란을 일으키고 있다.

주택 정책은 잘못된 확신과 이념을 바탕으로 밀어붙여 시장을 어지럽히고 있는 대표적인 정책이다. 자신들이 제시한 목표 달성은커녕 역행하는 결과를 낳고 있다. 빅데이터는 관두고 기초데이터라도 보거나 몇 가지 보고서만 살펴봐도 보일 텐데 말이다.

KB 부동산 보고서에 의하면 전체 1949만 가구 중 순수 전월세 가구가 671만으로 34.5%이고, 4.2%인 83만 가구는 자가 보유 상태에서 여러 이유로 전월세에 살고 있다. 즉, 전체 가구의 38.7%인 754만 가구가 전월세 가구인 것이다. 754만 가구 중 5%를 공공임대로 가정하면 716만 채의 주택이 민간 임대 물량인 것이다. 바꿔 말하면 누군가의 다주택인 것이다.

이 상태에서 정부가 말하는 1가구 1주택이 가능하고 타당할 것인지 의심스럽다. 700만 채 이상의 주택을 다주택자들이 소유하고 있어서 주택 가격이 오르고 투자 이익을 추구하는 악순환이 반복되어 불공평하니 1주택 외에는 다 팔라는 것이다. 그것도 금년 6월을 기한으로 정하고 있다.

다주택자가 과연 700만 채의 주택을 시장에 내놓을 것이며, 무주택자들이 그 주택을 매입할 능력이 있느냐 의문이다. 다주택자는 연령층, 주택 규모, 주택 수에 따라 월세수입, 시세차익, 상속/증여, 전원주택용 등 다양한 목표를 가지고 있다. 일부가 세금 압박에 못 견뎌 1가구 1주택 정책을 따르는 경우도 있겠지만 목표 실현을 위한 방법을 더 찾을 수도 있다. 더구나 670만 순수 전월세 가구 중 자신들에게 적합한 주택을 구입할 능력이 있는 가구가 얼마나 될 지 알 수 없다.

2019년 신규 등록된 임대주택을 보면 고가주택은 1% 미만이고 다세대, 단독, 연립, 도시형생활, 오피스텔 등 고연령층이 임대수입을 위해 보유한 주택이 대부분이다. 다주택자가 부도덕한 사람들이 아니라 수명은 길어지고, 금리는 낮고, 일자리는 없고, 자영업도 할 수 없고 일정 수입이 없으니 약간 모인 자산으로 주택을 구입해 임대수입으로 살아가고 있는 현실인 것이다.

무리하게 다주택자들을 압박하면 오히려 다주택을 정리해 고가주택 한 채로 갈아탈 수도 있다. 강남 집값을 잡겠다는 게 오히려 강남 집값을 올릴 수도 있다. 어쨌든 다주택을 가진 자산가들은 비를 피하거나 우회로를 찾으며 잘못된 정책이 바로잡히길 기다릴 수 있기 때문이다. 그래서 정부가 시장을 못 이긴다는 것이다.

시장을 잡으려 들 것이 아니라 교육, 의료, 문화, 교통, 환경이 좋은 지역 즉 선호지역에 재개발을 해서라도 공급을 늘려야 한다. 아울러 70년대 강남을 개발하면서 일류 고등학교를 이전시켰던 것처럼 주택만 짓는 것이 아니라 시장에서 선호하는 환경을 갖춘 지역을 늘려야 한다. 주택의 가치는 건축뿐 아니라 주변 환경에 의해 결정되는 것이다.

실현 가능하지 않은 걸 정책으로 제시했다면 무능한 것이고 알면서 그랬다면 선동인 것이다. 우선 수십 년 동안 자산으로 역할을 해

온 주택을 공공재 기능만을 강조하며 주택시장을 인정하지 않겠다는 것은 타당치 않다.

역사적으로 오랫동안 진행되어 온 정책을 뒤집을 때는 그만한 충분한 근거와 이해와 동의를 바탕으로 해야 한다. 어떤 근거로 형성되었는지도 알 수도 없는 신념으로 더 이상 시장을 교란하지 말아야 한다. 자본주의 사회에서 개인이 소유하고 있는 재산을 임의로 처분토록 강요하는 것은 있을 수 없는 일이다. 단순히 주택 공급을 늘리는 게 아니라 수요자가 원하는 환경을 갖춘 지역을 늘리고 원하는 주택을 공급하는 것만이 답이다.

(21/01/14)

06

코로나와 전투가 아니라
전쟁을 치러야 한다

전쟁을 승리로 이끌기 위해서는 국가가 갖고 있는 자원을 효율적으로 투입해 희생을 최소화해야 한다. 그러기 위해서는 정확한 목표 설정이 필수다. 코로나 감염 확산을 최소화시키는 것이 질병관리청의 전투 목표라면 국가는 코로나와의 전쟁을 이기기 위한 목표를 설정해야 한다.

확진자를 줄이고 코로나로 인한 사망을 최소화하는 전투를 이기는 것만이 국가의 목표일 수는 없다. 질병관리청으로서는 그렇더라도 국가는 더 큰 틀에서 장기적으로 대비해야 한다.

질병관리청만 해도 그렇다. 매일 피곤한 모습으로 열심히 브리핑에 매달리다가 독감백신 보급에서 사고를 내고 말았다. 독감 백신을 오염시켜 놓고 이제 믿으라니 믿음이 안 간다. 질병관리청장조차도 매일 브리핑에만 매달릴 일이 아니라는 말이다. 하물며 장관, 총리, 대통령은 말해 무엇 하랴.

기업도 상황에 따라 경영 목표를 달리한다. 한 가지 목표가 아니라 성장, 이익, 시장점유율, 주가 등 다양한 목표를 설정한다. 그렇지만 궁극적으로는 지속성장이 최종 승리의 목표가 되는 것이다. 수많은 기업이 흑자 도산하는 경우가 허다하다. 재무관리를 잘 못해서, 법률적인 문제로, 잘못된 언론의 공격으로 등등 기업 이윤 달성과 상관없이 지속하지 못하고 문을 닫는다. 코로나 감염을 잘 막아 놓고 국가의 지속성장을 해치는 일이 생겨서는 안 된다.

일상생활을 정지시키는 것만이 감염 확산을 막는 가장 좋은 대안인지에 대해서도 검토되어야 한다. 형평성과 합리성에서도 수긍이 가야 한다. 추석에 고향 방문 못 하게 하니 관광지만 북적였다고 한다. 고향 방문으로 몇 가정이 감염된 걸 침소봉대할 일이 아니다. 지하철, 버스, 쇼핑몰 등 그야말로 초밀집 현장은 놔두고 학교, 학원, 음식점, 집회현장 등을 봉쇄하는 것도 그렇다.

코로나로 인한 직접적 사망뿐 아니라 코로나 블루(우울증)를 포함한

다른 질병의 증가도 살펴야 한다. 코로나로 과도하게 일상생활을 중단시킴으로써 자살, 사고, 다른 질병 등 간접적인 사망이 늘어날 수도 있다. 집콕하다가 골骨이 '골(관棺의 옛말)'로 간다는 말이 나올 정도이다. 장기적으로 건강을 잃는 사람이 늘 수 있다는 뜻이다.

죽음은 면했다 해도 죽을 지경으로 나락으로 떨어지는 사람들이 얼마나 늘어나는지도 알 수 없다. 이런 정책을 지속하는 사이에 천만 명 이상이 나락으로 떨어질 수도 있다고 예측하기도 한다. 명동에 나가 보라. 그 복잡하던 거리는 정적이고 매장의 절반 이상이 철수한 상태이다. 현 상황을 잘 대변해 주고 있다. '오사카 하류인생'이라는

다큐에서 보듯이 고통받는 계층이 늘어나면 큰 저항에 부딪칠 수도 있다.

일상을 멈춰 세워 놓고 국가의 재정으로 사태를 막는 데에는 한계가 있을 수밖에 없다. 제한적으로라도 국가라는 엔진을 돌려 발전을 해야 한다. 우한사태로 큰 고통을 겪은 중국이 중추절에 이동 제한을 풀어 6억 명 이상이 이동할 수 있게 한 것도 같은 맥락이다.

그 외의 국가의 가치 훼손에 대해서도 심사숙고해야 한다. 초등학교 신입생들은 금년에 아직 학교에도 못 가고 있다. 온라인수업을 대안으로 내세우고 있지만 거의 교육 포기 수준이다.

교육 당국이나 각 가정이 온라인 교육 준비도 제대로 안 된 상황에서 학교 공간을 차단하는 건 미래를 포기하는 일이다. 오히려 학교를 가장 안전한 공간으로 만들어야 한다. 코로나세대의 학력저하 역시 국가의 미래 경쟁력에 큰 영향을 미칠 것이다.

광화문에 차벽을 쌓아 헌법의 가치를 제약하는 것도 마다하지 않는 대처가 옳은지에 대해서도 숙고해야 한다.

철저한 방역을 시행하더라도 일상을 중단하는 조치는 재고되어야 한다. 코로나 감염과의 전투에서 이기고 코로나와의 전쟁에서 지는 우를 범하지 말아야 한다.

(20/10/14)

07
다주택자가 사라지면
전월세는 어디서 구하나

사업에서 성공하려면 시장과 고객의 정확한 이해에서 출발해야 한다. 아무리 제품과 기술이 좋아도 시장과 괴리되어 있으면 성공의 길은 멀다. 전략이나 정책 또한 작동할 수 없다. 지금 부동산정책이 그런 상황으로 보인다.

서울의 전세수급지수가 2012년 통계발표 개시 이후 최고를 기록했다. 상반기에 100~110 사이에 머무르던 지수가 새 임대차법 시행 이후 치솟아 130을 넘기고 있다. 전세 수요에 비해 공급 물량 부족이 최고조에 달하고 있다는 뜻이다. 전세값도 71주째 상승세를 유지하고 있다.

경제부총리는 특출한 대책이 있다면 지난 발표 때 다 포함했을 것이라고 말했다. 더 이상의 묘책이 없다는 자포자기성 발언으로 들린다. 부동산시장을 정확히 이해하지 못하고 있으니 시장에서 작동하는 대책을 내놓지 못하는 것으로 판단된다.

전월세는 주택 구입 능력의 부족뿐 아니라 다양한 필요를 충족하기 위한 주거 형태이다. 원격지의 직장, 타 도시 유학, 지방에서 살아보기, 자금활용 목적 등으로 택하게 된다.

전월세는 기본적으로 다주택자가 그 공급자가 된다. 그런데도 다주택자를 불량시민으로 취급하며 공직에서도 쫓아내고 징벌적 과세로 다주택 상태를 해소하도록 강요하고 있다.

그러니 전월세 물건이 사라지고 있는 것이다. 다주택자들은 조기증여, 똘똘한 한 채 지키기, 가격을 낮춰 처분하기를 택하고 있다. 당연히 추가 주택 청약이나 구매는 할 수 없다.

정부의 기본 정책은 1가구 1주택만 보유하라는 것이다. 세금을 못견뎌 시장에 나온 주택은 '영끌'이라도 한 구매자의 손으로 넘어가거나 매물로 남아 구매자를 찾게 될 것이다. 정부의 정책이 완벽하게 작동한다면 극단적으로 시장에는 전세든 월세든 임대주택은 사라지게 될 것이다. 적어도 그런 방향으로 움직일 것이다.

그러니 전세수급지수가 높아지고 전세가가 높아지는 것은 당연한 이치이다. 똘똘한 한 채에 해당하는 지역의 주택 가격 또한 올라갈 수밖에 없다.

주택의 가격 상승, 전월세의 품귀와 가격 상승, 징벌적 과세 등으로 서민들의 주거의 자유마저 흔들리고 있다. 세컨하우스는 관두고 이사도 제대로 갈 수 없는 현실이다.

주거용 주택과 달리 상업용 부동산시장에는 다른 형태의 위기가 스멀스멀 다가오고 있다. 식당, 의류, 화장품, 잡화 등 소매업 부동산이 심상치 않다. 평상시 10%도 안 되는 매출로 폐업이 속출하고 고사 직전인 소매업자가 늘어나면서 임대 시장으로 불똥이 튀고 있다.

문 닫을 지경의 사업자들이 임대료를 내지 못하고, 새로운 임차인을 구하지 못하면 임대인 또한 고통을 겪기 마련이다. 금융비용, 인건비를 포함한 관리 비용을 감당하기가 어려워진다. 플랫폼 임대사업자(통으로 임대해 나누어 재임대하는 중간 사업자)나 부동산업자도 부도의 위기를 겪게 되는 것이다. 정치권은 중소상공인들이 고액 임대료를 호소하면 임대인에게 임대료를 낮출 것을 압박하고 있다. '착한 임대인'이라는 말까지 만들어 내고 있다. 그러나 이는 정확한 진단도 아니고 근본적 대책도 아니다.

IMF 이후에는 이런 식으로 연쇄적으로 부동산시장이 어려워져 많은 건물의 주인이 바뀌었다. 개인적으로 내가 일하던 직장의 건물이 경매로 넘어가는 바람에 보증금도 못 받고 쫓겨난 경험이 있다. 강남의 제일 큰 건물도 외국인의 손에 넘어갔다.

캐나다에서는 이런 현실을 감안해 임대인에게만 압박을 가하는 것이 아니라 위기를 같이 넘기기 위해 정부가 적극적인 역할을 하고 있다. 임차인은 25%만 부담하고, 임대인은 25% 임대료를 낮추는 대신에 정부가 50%를 부담한다. 시장의 현실을 제대로 파악한 대책인 것이다.

임대료가 비싸거나 임대 계약 조건이 부당한 것이 아니라 경기 침체와 코로나 여파로 사업이 안 되는 것이 근본 원인이다. 캐나다에서 파악한 것처럼 임대인과 임차인이 다 같이 힘들다.

토지와 건물이 공공재의 성격이 일부 있다고 해도 자본주의 국가에서 자본의 역할을 부정하고 시장을 왜곡하는 사고를 가지고 있다면 정책 목표와 점점 반대 방향으로 상황이 전개될 것이다. 상가 임대인과 다주택자를 공공의 적으로 여기는 한 주택 문제를 해결할 수 없다. 그러니 23차례 대책에도 해결되지 않는다는 비판이 나오고 있다.

똘똘한 지역의 가격을 잡으려고 할 것이 아니라 그 지역의 주택 가격이 높은 이유를 파악해야 한다. 무작정 신도시를 건설하고 지방에 혁신 도시를 많이 만든다고 인구의 분산과 균형발전이 이루어지지 않는다. 시장에서 똘똘하다고 여기는 여건을 갖춘 지역을 몇 개라도 늘려야 가격도 잡고 지역균형발전도 달성할 수 있다.

다른 한편으로 주거의 방식과 일하는 방식을 바꿈으로써 주택과 상가의 가격을 낮출 수 있다. 미국의 주요 IT 기업과 대기업들은 코로나로 수개월째 재택근무를 시행하고 있다. 코로나가 끝나도 상시적 근무형태가 될 것이라고 선언했다.

그 결과 실리콘밸리나 맨하탄 지역은 주택가격이 20~30%씩이나 떨어지고 있다. 굳이 회사 근처에 거주할 필요 없는 젊은 층은 멀리 떠나 덴버의 스키장 지역으로 가 넓은 주택을 얻어 친구들과 같이 생활하며 일하기도 한다고 한다.

주택이나 부동산 문제를 해결함에 있어 이념으로 접근하지 말아야 한다. 현실을 잘못 이해하며 강압적으로 일부를 부도덕한 세력으로 몰아가며 뜻을 이루려 하면 실패한다. 좀 더 창의적인 방법으로 삶의 방식을 바꾸도록 유도하는 것이 해답이 될 수 있다.

(20/11/12)

08
풋내기 창업자와 다를 바 없는
정책 문외한들

공공기관 요청으로 몇몇 청년 창업자들을 컨설팅할 기회를 가졌다. 공통적인 특징은 비즈니스 모델이 한결같이 '훌륭하다great idea'는 것이다.

그 다음으로 알게 된 것은 이들이 성공하기까지 갈 길이 한참 멀다는 점이다. 여러 단계를 거쳐야 한다. 그런데 매 단계에 대한 검증이 아예 없거나 허술하기 짝이 없다. 아무리 속도가 빠른 게 중요하다지만 이건 아니다. 어쩌면 어떤 단계별로 어떤 장애를 넘어야 하는지 전혀 감을 못 잡는 듯하다.

우선 사업 아이디어대로 제품이든 플랫폼이든 서비스든 구현해야한다. 그다음으로 시장이 생각한 대로 반응하는지 실험을 해 봐야 한다. 그 결과에 따라 실패로 판단하면 빨리 접든지, 원래 생각을 수정하든지 해야 한다.

시장에서 반긴다 해도 끝이 아니다. 결국 기업은 궁극적으로 돈을 벌어야 한다. 그러니 자금이 얼마나 필요하며, 어떻게 조달할 것인지 구체적인 계획을 세워야 한다. 마지막으로 투자한 돈을 어떻게 회수할 건지 분석RoI: Return on Investment을 해야 한다.

사회적 사업이거나 자선사업이 아니라면 모를까 그저 좋은 일이고, 재미있는 일이라서 진행할 수는 없는 노릇이다. 고비고비마다 필요한 일들을 짚을 수 있어야 한다.

청년 창업가들이 성공을 거두기 힘든 것은 이 과정에 대한 점검 능력이나 경험이 부족하기 때문이다. 이런 의미에서 청년 창업뿐만 아니라 중장년 창업을 권장해야 한다.

이런 일련의 과정을 되짚어보다 보니 여러 국가정책 역시 마찬가지 아닌가 하는 생각에 이른다. 국가 돈(세금)으로 정책을 펼칠 때에도 기업 창업과 동일한 과정을 거쳐 검증해야 한다.

현장(정부, 지방자치단체, 공공기관 가릴 것 없이)을 관찰해 보면 특히 정치권이나 시민사회에서 출발해 정부에 들어와 일하는 사람들의 한계가 뚜렷이 보인다. 평생 큰일을 해 본 적이 없기 때문에 무슨 일이든 '성공적으로 수행할execution' 요인들을 챙기는 훈련들이 전혀 안 되어 있는 듯하다. 실무 담당자들이 잘못 챙기면 위라도 챙겨야 하는데 이런 DNA가 없다.

많은 젊은 창업자들에게서 보듯이 생각과 뜻은 정말 좋은데 성공시킬 힘이 부족하다. 정책을 수립하는 과정에 지난한 고통의 흔적이 보이질 않는다. 적당히 정책이라 내세우고 소요 예산을 갖다 붙이는 일을 반복한다.

그러니 효과도 없이, 또 스스로 내세우는 목표도 달성하지 못하면서 세금을 마구 쓰는 것이다. 심지어 내세운 목표와 거꾸로 가는 경우가 허다하다.

출산율을 높인다고 100조 원도 넘는 돈을 퍼부었는데 출산은 가파르게 줄고 있다. 재래시장을 살린다고 수조 원을 썼는데 오히려 점점 더 쇠락해 간다. 일자리를 늘린다고 천문학적인 예산을 투입했는데 취업은 줄고 실업도 빠르게 는다. 노동자들을 위하는 여러 정책을 강행했는데 노동자의 삶은 더 팍팍해진다.

실패 후에는 꼭 이런저런 핑계를 댄다. 불과 몇 달, 몇 년 앞도 예측하지 못하면서 남 탓을 하기 일쑤다. 애초 목표가 잘못된 건지 정책을 잘못 만든 건지 구분조차 되지 않는다.

기업에서 일을 할 때다. 사업 책임자들에게 '목표 달성이 안 된 이유나 분석이 아니라 그 목표를 달성할 방안을 가져오라'고 늘 요구했다. 정책 당국자들에게도 꼭 하고 싶은 말이다.

더구나 그 의사결정권자로 경험도 없고 자리에 맞지도 않는, 자기네 사람들을 수도 없이 앉혀 놨으니 잘 돌아갈 수 없다. 현장의 공무원들을 만나보면 하나같이 그 폐해를 하소연한다. 만일 국가의 미래나 이익보다 다른 '콩고물'에 관심이 있거나 정권의 유지, 연장에만 더 매몰된다면 그 후유증은 정말 최악일 것이다.

(20/09/09)

'한국형 뉴딜' 계획
샅샅이 들여다봤건만….

몇 달간 회자된 한국형 뉴딜 계획이 드디어 발표됐다. 35쪽 요약 문서를 읽고, 또 읽었다. '포용국가' 토대 위에서 '디지털 뉴딜'과 '그린 뉴딜' 두 축으로 2025년까지 국비 114조 원을 투자해 일자리 190만 개를 만든다는 계획이다.

대통령은 국회 연설에서 대한민국 100년의 설계라 했다. 우선 100년은 관두고 10년 후에라도 대한민국이 어떻게 바뀐다는 것인지 보이질 않는다. 많은 투자 계획을 만들었고, 봐 왔다. 하지만 이렇게 허술한 계획은 처음 봤다.

28개의 과제를 열거했다. 대부분 이미 진행하거나 시중에 떠돌던 내용을 열거해 놓아 별 새로운 내용이 없다. 이 항목들에 114조 원의 국비 예산을 나누어 할당했는데 그 결과로 추구하는 목표 일자리 190만 개의 근거를 믿기가 어렵다. 기업은 1~2조 원의 투자도 이렇게 안 한다.

일자리만 해도 그렇다. 이런 예산을 투입하지 않았을 때, 일자리의 변화가 어떻게 일어나는지를 먼저 밝혀야 한다. 그것을 기준BAU, business as usual으로 뉴딜을 추진할 때 어떤 일자리는 오히려 줄어들고 또 어떤 일자리는 생긴다는 것인지 구분해야 하는데 그조차 없다. 무턱대고 190만 개 일자리가 생긴다고 하니 납득이 가질 않는다.

더구나 뉴딜이 단순히 일자리 프로젝트가 아닐 텐데, 달성하고자 하는 정책 목표가 보이질 않거나 허구적이다. 국가 백년대계를 위한 것이라면 논리나 예산 집행의 타당성 확보를 위해 더욱 구체적이고 치밀해야 한다. 보면 볼수록 단순히 예산을 세우기 위한 항목의 열거로만 보인다.

한편 기존에 정부가 추진하거나 민간이 진행하던 것들과 중복되거나 배치되는 항목들은 어떻게 할 것인가. 10만 개 소상공인 스마트상점 구축과 소상공인 32만 명을 위한 온라인커머스 지원에 5년간 1조 원을 투입해 12만 개 일자리를 만든다고 했다. 예산을 합리적으로 배정했는지도 의문이지만 요사이 보듯이 노동조건 강화로 무인 스마트상점이 빠르게 늘어나 일자리가 없어지는 판인데 무슨 수로 12만 개 일자리를 만들겠는가. 일자리를 강조한 정부가 여태껏 뭘 하고 있었다는 말인가.

태양광을 위해 산하를 훼손하고, 주택 공급을 위해 그린벨트 해제를 거론하면서 그린 생태계를 회복한다고 한다. 상충하는 정책을 언급한 것이다.

중소기업의 원격근무와 영상회의 지원도 현실과 거리가 멀다. 서비스형태SaaS로 영상회의를 제공하는데 중소기업들을 위한 영상회의실을 1,500여 개소나 구축한다는 것은 비현실적이다. 원격근무도 인프라가 아니라 제도와 문화의 문제다.

인공지능과 소프트웨어AI/SW 핵심 인재 10만 명, 녹색융합 인재 2만 명을 육성한다고 한다. 도대체 어느 정도 수준을 인재라 하는지 알 수가 없다. 12만 명 인재 양성에 5년간 1.1조 원을 투입한다는데 1년에 2,000억 원이면 해외 유수 대학에 겨우 2,000~3,000명 유학시킬 수 있는 돈이다. 과거에 산업인력을 키우듯이 디지털 근로자Digital worker, 그린 노동자Green worker 교육을 한다고 하면 그나마 이해할 수 있다.

인재는 몇 년 예산 투입해 대학에 과정을 늘린다고 10만 명씩 늘릴 수 있는 게 아니다. 차라리 미래 인재를 키우기 위해 어릴 때부터 교육 전반 인프라와 교육내용, 교육방법을 획기적으로 바꾸는 뉴딜을 한다고 하면 수긍할 수 있다.

민간에 돈이 없어 정부 재정으로 뉴딜을 만들어야 할 때와 지금 상황은 다르다. 민간에 1,100조 원에 이르는 풍부한 유동자금이 갈 곳을 못 찾는다. 정부가 돈을 풀면 오히려 민간 투자만 위축될 수도 있다. 예산을 풀어 정부가 프로젝트를 추진하는 것은 교육 인프라, 도서산간지역 통신 인프라, 교육제도 개편, 공공의 디지털화 등 민간이 할 수 없는 일에 국한해야 한다.

정부가 돈을 푸는 뉴딜을 할 때가 아니다. 오히려 규제, 노동시장

환경, 기득권의 저항 등에 막혀 민간의 돈줄이 막히는 걸 풀어내는 '뉴룰New Rule'을 만들어야 한다. 금융, 의료, 교육, 농업, 유통, 물류, 플랫폼, 콘텐츠, 모빌리티 등등의 분야에 민간의 아이디어와 풍부한 자금이 대기하고 있다. 정부는 시대에 맞는 정부 역할을 하여야 한다.

정권은 말기로 접어드는데 일은 벌려 놓고 다음 정권에게 떠넘기는 일을 하지 말아야 한다. 이와 같은 방식으로는 지속할 수 없을 뿐 아니라 민간에 혼선만 일으킨다. 적당히 열거해 예산을 집행하려면 적어도 한 줄이라도 재원 마련 계획도 붙여야 한다.

(20/07/21)

10
인구청의 설치를 제안한다

지난 10년간 출산을 늘리는 데 들어간 예산이 100조 원이 넘는다. 하지만 올해 1~4월 신생아 출산은 14만7900명으로 역대 최저를 기록한 2005년(출산율 1.08명) 1~4월 15만3798명보다 적다. 정부는 앞으로 5년간 200조 원에 달하는 예산을 투입해 2020년 출산율을 1.5명으로 끌어올릴 계획이다.

저출산 대책은 주로 출산지원금이나 출산휴가를 늘리는 데 초점을 맞추고 있다. 육아 부담을 줄이기 위해 지원금을 늘려주고, 육아에 전념할 수 있도록 하는 정책들이다. 기본적으로 정책의 방향은 맞지만 10년에 100조 원 투입에서 5년에 200조 원 투입으로 지원만 늘리면 된다는 발상이 깔려 있다. 이 계획이 타당성이 있으려면 과거의 지출 효과가 조금이라도 검증되었어야 한다.

통계청의 발표가 말해주듯 출산 가정의 요구와는 거리가 먼 정책들이 남발되고 있지 않은지 재검토해야 한다. 지원금과 휴가가 출산 후에 도움은 되겠지만 출산이 늘어나는 데 결정적이지는 않다는 결론이다.

출산 후 육아휴가 기간의 문제가 아니라 적어도 아이가 정규 교육 과정에 편입되기 전의 모든 과정에 대한 부담을 덜어 줘야 한다. 그것도 획일적인 게 아니라 각 가정의 특성과 처지에 맞도록 설계되어야 한다. 경제적 여건, 부모의 체력과 건강, 가족 내 도움 가능 여부, 직장의 지원 등등에 따라 필요한 지원이 다를 것이기 때문이다.

1930년대의 스웨덴처럼 출산을 국가의 최우선 과제로 둬야 한다. 출산한 여성을 국가유공자처럼 대우해야 한다. 40년 동안 평균수명이 20세 이상 늘고 다국적 국민이 200만 명 정도 늘었음에도 불구하고 통계청은 2035년부터 인구가 줄어들 것으로 예상한다. 스웨덴 뮈르달교수의 지적에 의하면 대한민국의 자살행위이다.

우선 인구 문제의 심각성에 비추어 인구청 신설을 제안한다. 정부는 국세, 관세, 조달, 병무 등 특수분야를 전담 관리하는 조직으로 17개 외청을 두고 있다. 환경, 노동은 부처로 승격되기도 했다. 인구 문제가 경제는 물론 국가의 지속 성장을 위한 근간이 위협받는 정도에 이르렀다는 사실을 인식하기 위해서도 인구청 신설이 필요하다.

스웨덴 정부가 했던 것처럼 출산을 비롯한 인구 문제의 현상에 대해 정확한 이해부터 해야 한다. 전문가도 아닌 사람들이 적당히 대책을 남발하고 거기에 천문학적인 예산을 끌어다 붙일 일이 아니다.

몇 가지 추가 대책을 제시하면 우선 육아 인프라를 늘려야 한다. 규모가 큰 육아·유아 교육 기관이 아니라 아주 작은 단위의 교육기관이 있어야 한다. 직장 유아원도 현재의 300명 이상으로 기준을 잡아 설치할 게 아니라 30~50명 단위로 낮춰 국가가 지원하든지 해야 한다.

부모들이 옆집에 맡기듯 가깝게 맡길 수 있는 육아 기관이 필요하다. 현재와 같이 설치 기준이 복잡하고 엄격하며, 규모가 크고, 국가의 지원에 의존하는 것은 부작용이 많다. 기존 육아, 유아 교육 기관과 그 단체가 기득권화하는 경향이 있다.

다음으로 육아 지원 인력을 키워야 한다. 서울에서 전담 육아 도우미에게 맡기려면 월 200만~300만 원이 든다고 한다. 경제적 부담도 문제이지만 맡기려고 해도 그 도우미들이 보육, 보건, 교육적인 교육을 전혀 받지 않았다. 체력적으로도 믿을 수 없는 노약자들이 대부분이다.

일본에선 1000만 명의 요양 대상 노인들을 위해 300만 명 정도의 요양 전문 인력이 일하고 있다는 소식을 접한 일이 있다. 그렇듯 사회적으로 육아 전담 인력을 조속히 대폭 키워야 한다. 부모에게 육아 부담을 전적으로 지울 게 아니라면 믿고 맡길 육아 전문 인력이 있어야 한다.

육아를 최우선으로 인정하는 사회(문화)를 만들어야 한다. 서구에서 출산과 육아를 잘 지원하는 조직은 회의 중 아이를 위해 잠깐 자리를 비울 수도 있고, 아이를 데리고 출근할 수도 있고, 아이를 위해 근무 시간을 유연하게 조정할 수 있다. 직장마다 삼촌, 이모가 아이를 도와주는 것 같은 문화를 만들어야 한다.

(16/07/29)

11
앞만 보고 달리는 경주마

경주마가 달리는 동안 앞만 보고 달리도록 하기 위해 눈 양 옆을 판으로 가린다. 정책이나 법률을 만드는 정치인과 공무원들을 보면 이런 경주마를 연상하게 된다. 본인들이 추구하고 싶은 것과 목표 외에는 주위를 둘러보고 종합적으로 판단하는 능력이 부족하거나 문제를 애써 외면하기 때문이다.

2011년 곽노현 전 교육감은 학생과 학부모의 경제적 부담을 줄이고 학습준비물 미비로 인한 위화감을 없앤다며 학습준비물 지원제도를 만들었다. 일선학교에 예산을 지원해 줘 학습준비물을 일괄 구매하도록 했다. 그 결과 최저입찰제로 준비물의 질이 떨어지고, 매년 1000개 이상의 동네문구점이 문을 닫는 타격을 받았다.

그러자 2015년에는 동반성장위원회에서 문구소매업을 중소기업 적합업종으로 지정했다. 대형마트에 대해 문구 매장을 축소하고, 묶

음단위로만 판매하고, 신학기 할인행사를 자제하도록 규제했다. 이 또한 학령인구 감소, 학습준비물 지원제도, 소비 형태 변화를 무시한 일방적인 정책으로 영세문구점에게는 실효성도 없으면서 소비자에게 불편을 준다는 볼멘소리가 높다.

면세점이 대기업에 주는 특혜라고 해서 5년마다 심사해 새로 사업자를 인가하도록 관세법을 개정했다. 수십 년 운영하던 면세점이 철수하면서 송파, 강동, 광진에는 갑자기 면세점이 사라졌다. 기존 업체에서 근무하던 종업원들은 졸지에 일자리를 잃었다.

수십 년 면세점을 운영하며 쌓은 역량과 글로벌 네트워크 등 무형의 가치가 하루아침에 날아가게 됐다. 오랫동안 호텔, 카지노 등과 잘 어우러진 관광명소의 위상도 사라지게 됐다. 반면 을지로, 동대문 등 시내에는 주차장도 없이 길가에 장사진을 치고 늘어선 대형 관광버스로 인한 혼잡과 매연으로 큰 불편을 초래하고 있다.

지난 대선 기간에 한 야당 후보가 광화문에서 출사표를 던지며 통신료를 반값으로 떨어뜨리겠다고 기염을 토했다. 일부 유권자가 듣기에는 솔깃할지 몰라도 통신 요금은 그렇게 간단한 문제가 아니다. 정치인이 무 쪽 자르듯이 할 수 있는 일도 아니다.

통신사들이 적정 이윤을 올릴 수 있어야 지속적인 네트워크의 투자가 가능해진다. 5만 명 넘는 종업원의 일자리가 달려 있고, 유통점을 비롯해 수만 개의 거래처(협력사)가 매달려 있다. 50% 가까운 외국인 투자자들을 포함해 주주들에게도 일정한 배당 수익을 안겨줘야 한다. 그래야 지금같이 통신산업이 정체된 상태에서 주가 폭락을 막을 수 있다.

우리나라같이 통신 인프라가 전국 방방곡곡, 모든 건물의 지하는 물론 구석구석까지 연결되는 나라는 전 세계에 어디에도 없다. 데이터의 사용량은 가히 세계 최고 수준으로 통신 과소비 국가라 해도 지나친 말이 아닌 실정이다.

유통산업발전법은 대기업에 속한 대형 유통점이 확산되면 주위 소상공인들이 어려워진다는 취지에서 월 2회 휴점을 의무화하고, 신규 점포 개설을 제한하고 있다. 그러나 현재의 매출액 파이만 가지고 볼 일이 아니라 미래 유통산업 전체의 발전을 보아야 한다.

고용, 물류를 포함한 연계 유통 산업 전체와 그에 따른 제조업, 농어촌 경제의 파급까지 같이 살펴야 한다. 세상의 변화로 일어나는 현상을 무시한 채 인위적으로 소비자의 행태를 바꾸려 드는 것은 어리석은 일이다. 변화 속에서 적응할 수 있는 길을 찾아야 한다.

엉킨 실타래를 풀려면 이쪽저쪽을 살피며 느슨하게 틈을 만들어가며 조심조심 풀어야 한다. 한쪽 끄트머리를 찾았다고 무조건 잡아당기면 더 엉켜버린다. 세상을 이끌어 갈 새로운 법과 제도를 만들 때는 반드시 두루 살펴야 한다. 본인들이 보고 싶은 것만 보고, 추구하고 싶은 정책 목표에만 매달리는 경주마 같은 꼴은 되지 말아야 한다.

(16/07/22)

III
기업이 뛰어야 나라가 산다

01
차별금지법과 기업 현장의 혼란

2007년 이후 여러 차례 발의와 폐기를 반복했던 차별금지법이 다시 발의되었다. 발의에 참여한 의원들은 물론 여권의 대권 주자들이 지지를 천명하고 있는 상황이다. 차별금지 항목도 점점 늘어 20여 가지에 달하고 있다. 장애인단체를 비롯한 시민단체의 지지와 더불어 국민청원이 이루어지고 있으며 국가 인권위원회에서도 법 제정을 촉구하고 있어 이번 회기 내에 통과될지가 초미의 관심사이다.

이 법이 통과되고 나면 차별한 사람에게는 징벌적 손해배상 책임을 물을 수 있으며, 국가와 지방자치단체는 각종 법률과 정책에 차별금지를 반영해야 하며, 행정입법사법부는 차별 시정을 위한 계획을 수립하여 시행해야 한다.

인권을 위해 헌법가치인 평등권을 지키도록 하는 것은 너무 당연하다. 그러나 법만 제정하면 차별이 해결될 것 같은 착각을 갖지 말아야 한다. 차별에 대한 좀 더 명확한 정의가 내려져야 한다. 차별과 차이에 의한 차등은 어떻게 구분할 것인지 구체적인 지침이 있어야 한다. 자본주의 사회에서의 여러 시스템들은 경쟁과 차이를 근간으로 하고 있기 때문이다. 자칫 기업경영 시스템의 대혼란을 겪을 수 있다.

기업에서는 채용단계에서부터 성별, 나이, 인종, 피부색과 같은 인권을 무시하는 차별은 하지 않더라도 맡을 일에 요구되는 능력을 판단하기 위해 학력을 포함한 객관적인 기준으로 구분하는 것은 피할 수 없는 일이다. 차별로 여겨지지 않도록 하려면 일의 자리마다의 요구사항이 구체적으로 제시되어야 한다.

과거에는 사회 여러 분야에 고졸들이 담당하는 영역이 있어 그들만을 대상으로 직군을 구분하고 선발해 왔다. 금융권의 창구직원을 비롯해 철도, 통신, 전기, 수도 등의 인력을 교육하는 고등학교도 따로 있었다. 그러나 언제부터인가 차별적이라고 해 기업에서 고졸만을 위한 직군을 없앴다. 그 결과 그 자리를 다 대졸들이 차지하게 되고 대학졸업자를 양산하는 사회로 바뀌는 결과를 낳은 것이다.

이렇듯 자칫하다가는 차별금지에 의해 보호하고자 하는 대상들의 설 자리 자체를 없애거나 사회적인 왜곡현상을 야기할 수 있다. 법보다 더 중요한 것은 제도의 설계가 훨씬 더 명확하고 구체적이어야 한다.

1991년부터 시작된 장애인고용촉진법도 마찬가지이다. 일정규모의 기업들에게 장애인을 3% 이상 고용할 것을 법제화하면 장애인고용이 대폭 늘어날 것으로 예상했지만 현실에서는 거리가 멀다. 장애인을 몇 명씩 고용하는 것을 감당하기 어려운 기업들은 고용보다는 부담금을 택하는 현실이다. 그러니 법으로 규정하는 것이 중요한 것이 아니라 실제로 장애인들이 일할 수 있는 작업장을 만들고 그런 기업을 발굴하는 것이 더 중요한 일이다.

선언하듯이 차별 금지하는 항목들을 늘리기보다는 애매한 것들은 제외하고 정말 인권의 보호에 결정적인 것부터 시행하는 것이 바람직할 것이다.

예를 들어 은행, 신용카드, 유통회사들이 고객을 학력, 직업, 재산은 물론 여러 기준으로 차별하고 구분하는 것은 전 세계적으로 사용되고 있는 고객관리 시스템의 기본이다. 여기에 빅데이터까지 동원되면 고객을 훨씬 더 세세하게 구별하고 차등적인 대우를 하게 될 것이다.

차별을 강조한 나머지 발생할 역차별도 없어야 한다. 차이를 인정받지 못하는 역차별, 과도한 금지에 의해 지금까지 당연시 여겨졌던 행위들에 대한 역차별 등 민감한 내용들이 걸러져야 한다. 그러니 법으로 차별하지 말라고만 할 것이 아니라 구체적으로 무엇을 할 수 있고 없는지 제시해야 한다.

차별에 대한 해석이 모호해 이현령비현령耳懸鈴鼻懸鈴이 되지 말아야 하며 너무 광범위하게 거의 모든 차별을 악으로 규정해 발본색원拔本塞源하듯 하지 말아야 한다. 따라서 차별금지법을 통과시키려면 불요불급不要不急한 차별을 골라내어 혼란을 줄이는 것도 현명한 길이다.

(21/7/15)

02

기업이 뛰어야 나라가 산다

얼마 전 만난 중견기업을 경영하는 친구는 월급날이 다가오면 전생에 무슨 죄를 지었나 싶은 생각이 든다고 했다. 신경쇠약까지 생겨 스스로 생을 마감하고 싶은 충동이 들 때도 있다는 것이다. 사업을 접으려 해도 청산이 쉽지도 않고 자신을 믿고 같이 일해 온 종업원들을 생각하면 그럴 수도 없단다.

기업을 경영하는 것은 결코 쉬운 일이 아니다. 우선 창업 목적에 맞게 기업을 경영하면서 흑자를 내든지 투자자들에게 미래의 가치를 인정받아야 지속할 수 있다. 종업원들에게 일자리를 제공하는 것도 중요한 역할이다. 각종 세금을 부담하고 더 나아가 최근에는 사회적인 책임을 요구받고 있다.

이뿐 아니라 한국의 경영자들은 엄청난 법적 책임을 져야 한다.

그것도 산업재해, 고용안정 등 노동존중을 앞세운 법에 의해 점점 늘어나고 있다. 한국경제연구원이 경제관련 법령 285개를 전수 조사한 결과에 의하면 형사처벌 항목이 무려 2657개에 달한다. 이 중 기업과 기업인을 동시에 처벌하는 양벌 규정이 2205개(83%), 징역 또는 벌금형이 2288개(86%)이며 처벌 수위도 높다. 2019년 자료이니 더 늘어났을 것이다.

20년 전과 비교하면 형사처벌 항목 수는 42% 증가했으며, 양형도 징역 3년(8.3%) 벌금 5230만 원(48.3%)으로 증가했다. 이러니 기업경영인은 교도소 담장 위를 걷는다는 우스갯소리를 하는 것이다.

기업을 경영하며 사회적, 법적 책임을 져야 하는 것은 당연하지만 해도 너무하다. 기업과 관련한 사회적 이슈만 등장하면 국회에서는 전후 사정을 종합적으로 판단하는 게 아니라 법을 하나 만들어 처벌규정을 계속 늘려가고 있다. 종업원뿐 아니라 하청기업의 활동 하나하나에 대해 2000개도 넘는 처벌 규정을 관리하는 것은 불가능한 일이다. 가히 기업경영자에게 적대적 분노에 찬 사회라 할 정도이다.

이쯤 되면 대한민국에서 CEO는 패가망신하기 딱 좋은 직종이다.

삼성을 창업한 이병철 회장은 일신의 안락과 축재를 위한 것이 아니라 국가에 필요한 것을 파악하여 하나하나 새로운 기업을 단계적으로 일으켜 갈 때, 더 없는 창조의 기쁨을 맛본다고 했다. 그 과정에서의 흥분과 긴장과 보람 그리고 가끔 겪는 좌절감은 기업을 해 본 사람만이 알 수 있다고도 했다. 기업을 통한 보국을 강조한 것이다.

이병철 회장이 현재의 기업 환경에서도 같은 목소리를 냈을지 궁금하다. 기업 승계를 위해 고초를 겪고 있는 손자를 향해 경영에서 손 떼고 편히 살라고 하지는 않았을지. 이재용 부회장은 자녀에게 기업승계를 하지 않겠다는 선언을 했다.

사회가 요구하는 부정적 기업승계를 단절하는 약속이다. 그러나 액면 그대로만 들리지 않는다. 상속세를 부담하며 기업 승계하는 것이 불가능하다는 판단이 깔려 있는 것으로 보인다. 더 이상 자녀는 고초를 겪지 않고 살기를 원하는 아비의 심정도 엿보인다.

이병철 회장의 말을 빌리지 않더라도 수많은 기업가, 자산가들은 기업을 창업하고 사업을 확장하는 투자에 나서지 않으면 개인적으로는 일신상의 안락을 누릴 수 있다. 기업가정신이 사라지면 그 피해는 온전히 국민에게 돌아온다. 우선 기업 자체의 부, 세금을 통한 정부의 부, 종업원들이 노동의 대가로 쌓아가는 부 등 국가의 부를 축적하는 길이 줄어든다. 국가가 기업활동에 직접 나서는 것이 비효율적이라는 것은 이미 역사가 말해 주고 있다.

자본주의 사회에서 국가를 떠받치는 핵은 기업이다. 기업가들을 위축시키는 법과 규제를 철폐시켜야 한다. 기업가를 처벌의 대상이 아니라 국가의 발전을 위해 전면에 나서 위험을 감수하는 전사로 여겨야 한다. 기업가의 직접적인 책임이 아닌 경우에는 기업가에게 적용하는 양벌규정을 최대한 제거시켜야 한다.

　기업의 투자와 고용을 위축시키는 정책 기조를 바꿔야 한다. 기업이 물러난 자리를 정부가 메우는 건 불가능한 일이다. 아울러 기업가가 존중받으며 뛰는 국가가 되기 위해 기업가도 바뀌어야 하지만 정치권을 비롯해 우리 사회의 기업가에 대한 적대적인 증오를 거두어야 한다.

(21/03/19)

03
불편한 NDA^(Non-Disclosure Agreement) 문화

'입 가벼운 현대차에 분노한 애플'이라는 제목의 기사가 떴다. 블룸버그통신의 보도를 전하는 형식이다. 블룸버그가 익명의 소식통을 인용하며 애플과 현대의 전기차 생산 논의가 최근 중단^{pause}됐다고 보도했다는 것이다. "현대기아차가 애플과의 협의 내용을 간접적으로 시인했고, 이 같은 일이 애플과의 협의를 뒤틀리게 했다"고 전했다.

다른 언론에서는 현대차의 30억 달러 투자, 최대 10만 대 조립, 일본 6개 업체와도 협의 진행 등의 기사가 퍼지기도 했다. '애플카를 믿고 개미들이 현대기아차에 1.8조 원이나 투자했는데 어쩌나' 하는 기사도 이어졌다. 드디어 현대기아차 측의 '애플과의 자율자동차 개발 협의를 하지 않고 있다'는 공시로 시가총액이 13조 원이나 사라졌다.

당사자 외에는 실체적 진실을 알 수가 없으나 일련의 사태는 여러 가지 해석을 낳게 한다. 애초에 아무 협의가 없었고 풍문만 떠돌았던 것이었을 수 있으나 현대차의 몇 차례의 언질에 의하면 뭔가 협상은 있었던 것으로 보인다.

애플과의 협력이 좋은 일이긴 하지만 현대차의 독자 노선과 병행할 수 있을지, 애플이 현대와 협력하면서 또 경쟁 관계를 허용할지, 아니면 현대차는 독자 노선은 포기한 건지 생각이 복잡해진다. 현대가 독자 노선을 포기했다면 씁쓸한 일이고 아니라면 협상이 간단하진 않았겠다는 생각이 든다.

어쨌든 애플이 분노했다는 기사에 의하면 애플이 협상을 파기Deal Break시키거나 협상의 주도권을 잡기 위한 명분을 찾은 것으로 보인다. 앞으로 협상의 재개 여부에 대해서는 외부에서 알 수가 없으나 어찌되었든 보안confidentiality, non-disclosure이 빌미가 된 것이다.

서구, 특히 미국의 기업들하고 여러 가지 사업적 행위를 할 때 문화적으로 차이를 많이 느끼게 되는 것이 NDANon-Disclosure Agreement이다. 회의, 프레젠테이션, 거래협상, 기술토의, 계약협상 등 거의 모든 행위 이전에 NDA를 요구한다. 이렇게까지 해야 하나 싶은 생각이 들 때가 많다. 심지어 자신들의 제품과 기술을 팔기 위한 회의에서도 여지없이 요구한다. 반면에 우리는 보안에 너무 의식이 없고 허술하기도 하다. 경험상 보안에 철두철미한 애플이 한국적 문화에 불편했을 수도 있는 대목이다.

국책 연구기관의 연구원들을 대동해 벤처기업을 방문했을 때의 일화이다. 참석자 중에서 기술 소개 회의 내용을 비밀리에 녹음하다 상대방에 발각되어 그 자리에서 쫓겨날 뻔한 수모를 겪은 적이 있다. 기술자료를 배포하는 일에 무감각한 우리한테는 NDA가 여간 불편한 것이 아니다.

공동과제Project, 합작회사설립JV, M&A 등에 대해서도 협상이 완료되어 대외적인 발표 내용과 절차에 합의하기 전까지는 철저하게 비밀에 부쳐지는 것이 통상적이다. 심지어는 담당자를 제외한 내부 직원들에게 조차도 극비에 부쳐지기 마련이다. 상장기업의 경우에는 더더욱 엄격하게 관리되고 있다. 개인적으로 소속 미국 기업이 인수합병된 경험이 두 번 있는데, 두 번 모두 언론에 발표되고 나서 합병 사실을 알게 되어 모든 직원들이 자신의 자리를 포함 불투명한 미래 때문에 혼돈에 빠진 적이 있다.

우리의 경우에는 내부에, 시장에, 언론에 비밀 아닌 비밀로 소문이 떠돌아다니는 경우가 허다하다. 그뿐 아니라 정부의 여러 극비사항,

검찰의 수사 사항들이 노출되어 사회적 이슈가 되기도 한다. 그만큼 우리 사회가 보안confidentiality에 허술한 것이다.

허술한 보안 의식이 얼마나 많은 사회적 비용을 발생시키고, 기회를 박탈하는지 인식해야 한다. 현대차와 애플의 협상 자체에 대한 평가는 차치하더라도 원하던 기회가 가벼운 입 때문에 날아간 거라면 엄청난 손실이 아닐 수 없다. 불편하고 심할 정도의 서구 기업들의 보안에 대한 요구NDA를 우리 기업 문화에 내재시켜야 한다.

(20/02/10)

04

어쩌란 말이냐 이 모순을

미국의 시가총액 상위 10대 기업 대부분은 IT 기업 또는 IT 기반의 기업이다. 또 대부분은 창업자 또는 그 가족이 적은 지분으로도 경영권을 유지한다. 기업에 필요한 자본을 시장에서 충분히 유치하기 위해 많은 지분을 내놓고도 차등의결권 제도 덕분에 적은 지분으로도 안정적으로 경영권을 확보한다.

검찰은 삼성물산과 제일모직의 합병이 이재용 회장의 승계와 관련이 있는 것으로 본다. 특히 합병 이후 삼성바이오로직스의 주식매수청구권 행사를 최소화하기 위해 자사주 대량 매입을 통해 분식회계와 주가조작을 했다는 것이다. 워낙 복잡한 내용이라 섣불리 판단하기보다 재판부의 최종적인 판단을 기다려야 할 것 같다.

내가 관심을 갖는 것은 재판 결과보다 이번 사건을 둘러싸고 나타난 여러 모순이다. 비난만 할 것이 아니라 이 모순을 어떻게 사회적으로 해결할지 정치권을 비롯한 당사자들이 나서야 한다.

먼저 기업을 일구어 자손들에게 상속하는 것이 필요한 일인지, 그 냥 당대에 끝내게 해야 하는지 사회적인 합의가 있어야 한다. 또 서구의 수많은 기업들이 왜 대를 이어 경영을 하는지도 돌아봐야 한다. 물론 자식에게 상속을 안 하는 경우도 있지만 상속을 원하는 것은 인간의 욕구다. 과연 어떤 것이 기업가 정신을 북돋아 국가에 도움이 되는 길인지 판단해야 한다.

토론에 나온 한 국회의원은 상속세를 내고 경영권을 승계받으면 될 것을 왜 이런 편법을 써 사회적으로 비난의 대상이 되는지 모르겠다고 한다. 세금을 내고 상속받으면 된다고 쉽게 말할 일이 아니다. 50%의 상속세(할증의 경우 65%)를 내야 하는 우리나라에서 편법(다양한 방법이라는 표현이 타당할 듯하다)을 쓰지 않으면 경영권을 유지한 채로 기업을 상속하는 것은 불가능한 일이기 때문이다. 내부거래를 통한 부의 이전도, 복잡한 순환출자도 다 이런 현실을 타개하기 위한 방편으로 행해져 왔다.

적은 지분으로도 경영권을 유지할 수 있도록 하는 것은 단순히 기업의 승계나 대주주 일가의 이익을 보호하기 위한 것만이 아니다. 가족의 일원이 경영을 승계하게 하느냐 마느냐는 국가가 아니라 기업과 주주들 스스로 결정해야 한다.

가족이 경영권을 유지하는 것이 기업과 주주에 유리한 경우에 적은 지분으로도 안정적으로 경영권을 유지할 수 있어야 한다. 여러 나라가 차등의결권을 인정한 것이 바로 이런 이유이다. 적은 지분으로 큰 기업의 경영권을 갖는 것을 마치 죄악인 것처럼 여기는 우리와 아주 다른 상황이다. 그러니 그런 나라에서는 굳이 여러 편법을 동원할 필요가 없는 것이다.

이제 결정해야 한다. 정치권은 비난만 할 것이 아니라 이 모순을 해소해야 한다. 기업의 승계를 법 조항이나 말로만 얘기하지 않고 실질적으로 허용할 것인가? 그렇다면 현 상속세율로 상속세를 내고도 거대 기업을 승계할 수 있다고 보는가? 차등의결권 같은 제도를 허용하지 않으면서 순환출자를 죄악시하며 그 고리를 끊으라고 하는 것은 모순이다.

기업인에게 모두 책임을 지우는 온갖 법을 만들기 이전에 기업가들 앞에 놓인 모순부터 먼저 해소해야 한다. 이런 모순 상황에서 기업가정신이 싹틀 수가 없다. 기업인들에게 모두 유한양행의 유일한 박사 같은 사람이 되라고 하는 것은 무리다. 또 본인만이 당대에 잘먹고 살기 위해서는 기업을 그렇게 많이 키울 필요도 없다.

기본적으로 기업을 통해 보국報國을 하지만 자식에게 물려주는 것 또한 기업가정신을 고양하는 중요한 동기다. 수도 없이 많은 서구의 오래된 기업들이 아직도 가족 경영을 하는 이유다.

(20/06/24)

05
아마존이 왜 고객에 집착하는지 배워야 한다

샌디 카터 아마존 웹서비스AWS 부사장은 지난달 CES 한 강연에서 아마존이 기술혁신을 독점할 수 있는 배경으로 3C를 꼽았다. 고객 customer, 문화culture, 호기심curiosity이 그것이다. 고객에 대한 집착, 실패를 두려워하지 않는 문화, 호기심이 가득한 질문을 강조했다.

4차산업혁명을 가장 잘 내재화한 기업으로 아마존을 꼽지 않을 수 없다. 흔히 온라인유통회사로 알고 있으나 아마존은 모든 기술의 제패를 기반으로 전방위적으로 사업을 확장하는 회사이다. 기업가치가 1000조 원을 넘어선다. 우리나라에서라면 독점과 문어발 확장 시비에 휘말릴 수도 있는 회사이다.

이 회사의 CEO인 제프 베조스가 추구하는 가치는 딱 두 가지이다. 하나는 고객에게 유일한 경험을 제공하는 것이고, 다른 하나는 성장이다. 1994년에 온라인서점으로 출발한 이후에 한 번도 성장을 멈춘

적이 없다. 이 회사가 채택한 기술과 확장한 사업(필요하면 인수)은 궁극적으로 고객에게 '유니크'한 경험을 제공하기 위한 것이다. 이 회사는 고객 반응을 보기 위해 끊임없이 실험과 시험을 한다.

인공지능AI, 빅데이터, 클라우드, 컴퓨터비전, 딥러닝, 센서퓨전, 로봇 등 모든 기술을 망라한다. 무인 매장까지 포함해 오프라인 매장을 2000개로 확대하는 계획을 세웠다. 온오프라인에서 고객에게 동일한 경험을 제공하기 위한 옴니채널 전략을 구사한다. 이어령 교수는 자신의 '디지로그' 개념의 예로 아마존 사례를 들기도 한다.

물류창고의 스토우stow, 키바kiva 로봇, 인공지능 스피커 알리사Alisa, 클라우드서비스AWS, 별도의 주문 없이 버튼을 누르기만 하면 익일 배달해 주는 대쉬dash, 최초 무인매장 아마존고AmazonGo, 유기농 유통 홀후드wholehood 인수, 약품 온라인유통 필팩phillpack 인수, 트럭,

선박, 항공 물류까지 이루 헤아릴 수가 없다.

정보기술IT기업이 아니면서도 가장 앞선 IT 능력을 가진 회사라 할 수 있다. 아직도 전 세계적으로 만 명에 가까운 IT 인력을 찾고 있다.

기업은 끊임없이 고객을 탐구해야 한다. 빅데이터가 좋은 수단이 될 것이다. 정치도 마찬가지다. 최근 한 야당의 육포 선물 실수도 고객인 유권자를 세심하게 살피는 습관과 거리가 멀기에 생긴 일이다.

기업은 자신들에게 더 많은 이익을 가져다주는 프리미엄 고객만을 위한 정책을 쓸 수 있다. 그러나 정치권은 제 지지 기반만이 아니라 전체 국민과 국가의 미래를 보고 일해야 한다. 13대 대선처럼 30%대 득표율로도 대통령이 될 수 있는 우리나라에서 가장 핵심적인 덕목이다.

기업의 독점, 담합 등 시장을 왜곡하는 행위는 공정거래법으로 엄격하게 관리한다. 그러나 정치권은 통제를 받지 않는다.

이런 정치권이 완성도가 높지 않은 여론조사나 통계를 앞세워 사실을 왜곡한다. 지지가 높은 사안에 대해서는 국민을 내세우다가 지지가 낮을 때는 자신들의 소신과 믿음을 내세운다. 이런 행태를 멈춰야 한다. 정치인에게 소신이라며 무슨 일이든 막무가내로 할 수 있는 자격이 주어진 게 아니다. 기업이든 정치권이든 고객의 뜻을 잘못 읽으면 망할 수밖에 없다.

아마존이 왜 고객에 집착하는지, 어떻게 고객을 파악하는지 배워야 한다.

(20/02/13)

06

IT 조직 위상부터 높여야 한다

우리나라에서 IT 조직의 역할은 현업부서가 요구하는 시스템을 개발, 구축, 운영하는 것으로 한정되어 있다. 따지자면 지원 조직이다. 조직 내 위상이 떨어진다. 그러다 보니 현업부서의 무절제한 요구를 물리치지 못한다. 그 결과 선진 조직에 비해 IT 운영비는 두 배 이상 들어가는데 시스템은 누더기가 되기 십상이다. 정작 경영에 필요한 정보도 생산하지 못한다.

지금 세계 곳곳에서 '디지털 트랜스포메이션DT: Digital Transformation' 바람이 거세게 분다. 기업은 물론이고 정부들도 IT를 기반으로 일하는 방식, 사업하는 방식, 행정 지원하는 방식을 지금까지와는 완전히 다르게 바꾼다. 우리나라 IT 조직 풍토로는 이 바람을 제대로 탈 수 없다.

이케아IKEA는 엄청난 규모의 가구매장을 갖춰 놓고 고객들이 방문 구매해 DIY^{Do it yourself}하기로 유명한 회사다. 이 회사가 요즘 확 바뀌었다. 고객들이 매장을 방문할 필요를 없게 만든다. 증강현실^{AR: Augmented Reality}을 적용했다. 고객이 집에서 가구를 가상으로 배치해 색상, 모양 등이 어울리는지 스마트폰으로 볼 수 있다.

만족한 제품을 즉시 온라인으로 구매하면 지금까지와 달리 조립 대행서비스와 함께 배송을 받는다. 이런 디지털트랜스포메이션에 2년간 3조 원을 투자한다고 한다. 다른 대형 매장들이 아마존의 영향으로 문을 닫거나 위협을 받는데 이케아의 매출은 성장한다.

잘 아는 바와 같이 국내에서도 2개의 인터넷은행(현재는 4개)이 설립 돼 매장이 없이 은행 서비스를 한다. 금융 환경의 영향도 있겠지만 이와 같이 자동화, 가상화, 로봇프로세스화가 진행되면서 금융권에서만 최근 4만 명의 인력이 감소했다. 우리의 경우 금융실명제 등으로 통장을 개설하려면 온갖 절차를 거쳐야 한다. 반면 싱가포르 DBS 는 온라인으로 통장 개설을 허용해 수십만 명의 고객이 해외에서 통장을 개설했다고 한다.

에스토니아는 온라인으로 주민등록을 신청받아 불과 몇 십 분 만에 전자주민증e-residency을 발행하는 것으로 유명하다. 이렇게 해서 수십만 명이 가상세계에서 에스토니아 시민이 되고 에스토니아에 회사를 설립할 수 있다.

많은 기업들이 어려움을 겪는 데 비해 아마존, 테슬라, 소프트뱅크, 알리바바, 배달의민족, 타다 등의 회사들이 잘나가는 이유는 CEO가 IT 전문가이거나 IT에 전적인 힘을 실어주기 때문이다. 우리나라의 경우에는 IT를 이해하지 못하는 사람들에게 권한이 집중돼 디지털트랜스포메이션이 원활하게 이루어질 수 없는 한계를 가지고 있다.

586세대의 정치적 기득권과 권력의 장기화에 대한 비판이 많다. 사실 이보다 더 심각한 문제는 이들이 IT를 전혀 이해하지 못한다는 것이다. 정부기관, 기업 할 것 없이 조직의 장으로 있는 사람들이 IT 현실을 몰라 어떻게 해야 할지 모르는 경우가 허다하다. 디지털트랜스포메이션은 기술만으로 진행하는 것이 아니다. 기술을 이해하는 사람이 전략적인 결정을 할 수 있는 위치에 있어야 한다.

정부기관이든 기업이든 IT 조직의 장을 단순히 전산실장 또는 CIO(Chief Information Officer: 최고정보책임자)가 아닌 CTrO(Chief Transformation Officer로 위상을 높여야 한다. 현업을 지원하는 것이 아니라 혁신의 선봉에 서서 권한과 책임을 갖도록 해야 한다.

그래서 외국에서는 요즘 새로운 자리가 생겼다. 최고정보혁신책임자CIIO chief information & innovation officer, 최고혁신책임자chief innovation officer, 최고디지털전환책임자chief digital transformation officer, 최고디지털책임자Chief Digital Officer 등 이름은 달라도 본질은 같다.

중앙과 지방 정부 및 공공기관을 다니며 일하는 방식과 환경의 혁신을 얘기하다 보면 IT 때문에 어쩔 수 없다는 반응이 태반이다. 정부조직의 책임을 진 행정안전부 장관 자리도 IT를 이해하는 사람이 앉은 적이 없다.

권력구조, 지방분권, 지방균형발전, 대민서비스 등 행정을 강조하면서 정작 공무원들이 어떤 환경에서 일해야 하는지, 어떻게 바뀌어야 하는지, 바뀔 수 있는지에 대해 이해하지 못하는 듯하다. 이것부터 해결해야 한다. 정부는 국^局 정도의 위상이 아니라 장관급 정도의 '국가 CTrO'를 둬 국가 전체의 '디지털 트랜스포메이션'을 계획해야 한다.

디지털 혁신국가가 되기 위하여 인재 포트폴리오, 교육, 산업구조, R&D, 금융, 의료, 노동, 민관의 역할 등이 어떻게 바뀌어야 하는지 트랜스포메이션의 관점에서 큰 그림을 그려야 한다.

(20/01/07)

정경합작과 유착의 사슬 이제 끊어야

우리가 경제적으로 이만큼 성장할 수 있었던 건 정경합작의 결과다. 정부가 계획하고 기업가들을 끌어들여 금융, 세제 등 특혜를 통해 새로운 산업에 투자하고, 공장을 짓고, 수출에 매진하도록 독려하는 정경 협력 모델이 만들어졌다.

이런 과정에서 혜택을 많이 받은 기업들이 권력자들에게 정치자금을 제공하거나 정부가 원하는 정책을 추진하는 데 필요한 준조세적 비용을 부담하는 관행이 생겼다. 약점을 갖고 있는 기업이 권력과 불편한 관계가 되면 국제그룹이나 대우그룹처럼 해체되기도 했고, 검찰 수사나 세금조사로 곤욕을 치르기도 했다.

현대그룹 창업자인 고故 정주영 회장은 국회 청문회에서 권력에 저항할 수 있는 용기를 갖지 못했다고 실토하기도 했다. 권력자의 협조요청은 그것이 아무리 선의에서 나온 것이라도 강압이나 다름없다. 성희롱과 마찬가지로 당하는 쪽에서 어떻게 느꼈느냐가 기준이 되어야 한다.

민주화 이후 여러 정권을 거치면서 상당히 정리된 것처럼 보였던 정경 유착의 망령이 다시 살아났다. 참으로 통탄할 일이 아닐 수 없다. 이번 최순실 사태를 정경이 완전히 분리될 수 있는 기회로 삼아야 한다.

자잘한 부정 청탁은 김영란법에 의해 다스릴 수 있지만 문제가 되는 것은 대기업과 정권 사이의 관계이다. 이번에도 51개 대기업으로부터 재단 출연금을 모았다고 한다. 대기업과 정권의 사슬을 끊을 수 있는 대안을 만들어야 한다. 그러기 위해서는 기업을 바라보는 시각이 달라져야 한다.

첫째, 대기업(재벌)은 항상 여유가 있고 국가에 뭔가 빚을 지고 있다는 인식이 바탕에 깔려 있다. 그래서 대기업으로부터 조금 뜯어내도 되는 것 아니냐는 식으로 생각하는 경우가 있다. 그러나 얼마나 많은 대기업들이 그동안 사라졌고, 지금도 생존의 위기를 겪고 있는지 살펴봐야 한다.

이번에도 10여 개 기업은 적자 상태이면서도 출연금을 냈다. 미래 생존이 불투명한 기업들에게 창조혁신센터를 맡아라, 문화재단과 스포츠 재단에 출연해라, 동반성장 챙겨라 등등 요구가 너무 많다. 정권이 바뀌면 또 다른 형태의 요구가 등장할 것이다. 기업으로서는 이러지도 저러지도 못할 상황이다. 이제 기업을 과거의 부채로부터 놓아 주어야 한다.

둘째, 기업의 유보금에 대한 인식이다. 마치 유보금을 쌓아 놓고 투자하지 않는 것이 비도덕적이고 이기적이라거나 기업가 정신이 부족하다는 식으로 매도해서는 안 된다. 기업은 항상 미래의 생존을 위해 결정적인 투자나 기업 합병 등에 사용되어야 할 자금을 확보해 놓고 있어야 한다.

기업의 유보금을 활용하도록 정부에서 압박하거나 활용할 계획을 세워서는 안 된다. 정부가 할 일은 투자를 유도할 수 있는 정책을 개발하거나 투자 환경을 개선하는 것이다. 정부가 기업에 투자를 강요해서는 안 된다.

셋째, 기업 스스로도 국가의 재난이나 지구 환경을 살리는 것 같은 사회공헌적인 경우를 제외하고는 본연의 업과 관련이 없는 일에 돈을 쓰지 않도록 해야 한다. 이번 최순실 사건의 경우처럼 문화와 전혀 관련이 없는 기업이 적절한 절차도 거치지 않고 출연한 것은 배임이나 포괄적 뇌물에 해당할 수 있다. 강압을 한 쪽은 공갈협박이나 배임교사에 해당할 것이다. 차제에 양쪽 모두에게 사법 책임을 물을 수 있도록 세밀하게 법을 만들어야 한다.

넷째, 기본적으로 국가사업이나 정책 수행은 국가 예산으로 집행해야 한다. 기업은 세금과 고용으로 사회에 기여하면 된다. 물론 기업 스스로 다양한 사회적 책임CSR을 수행하기 위한 활동은 권장되어야 할 것이다.

기부나 출연이 필요할 경우에는 선진국처럼 기업이 아니라 기업주 개인으로부터 받아야 한다. 마이크로소프트가 아니라 빌 게이츠가, 페이스북이 아니라 저커버그가 기부를 하는 방식처럼 해야 한다. 선대로부터 물려받은 재벌들은 최적의 경영자를 물색해 기업을 지속시키고, 부를 사회에 환원하는 인식의 전환을 해야 한다.

마지막으로 창조경제가 됐든 문화융성이 됐든 정부 역할은 토양을 만드는 일에 국한해야 한다. 정부가 관련 사업을 직접 계획하고 시행하는 것은 시대착오적이다. 정부는 기업들이 돈을 쌓아 놓지 않고 투자할 수 있도록 투자환경을 개선하고 기득권과 벽을 허무는 일이나 부지런히 해야 한다. 정권의 색깔과 관계없이 지속될 수 있는 기업환경이 만들어지기를 기대한다.

(16/11/11)

IV

부자를
꿈꿀 수
없는
나라

01

부자를 꿈꿀 수 없는 나라

    39살의 평범한 직장인이 139억 원으로 은퇴를 하겠다고 선언해 화제다. 미국의 얘기다. 8년 전부터 테슬라에 투자해 15배의 수익을 달성했다고 한다. 10년 후에는 20~30배 이상 더 뛸 것으로 예상해 아직은 팔지 않을 거라고 한다.

    반면에 한국의 30대는 '이생망(이번 생은 망했다)'을 외치고 있다. 집값 폭등과 로또된 청약 광풍에 새도 갖고 있는 둥지를 남은 생에 못 가질 것 같다는 탄식을 노래하는 랩까지 등장했다.

    젊은 세대가 영끌해 주택 구입에 매달리더니 집값이 폭등하고 융자까지 막히자 주식시장으로 몰리고 있다. 국내 개미 투자자들이 국내외 주식시장에 쏟아부은 돈이 100조 원에 달한다. 한국은행 총재까지 예외적으로 나서 주가의 급변동으로 인한 피해 가능성을 지적하고 나섰다.

100세 시대에 경제력이 있어야 사람다운 삶을 유지하고 또 행복하게 삶을 마감할 수 있다. 가정 내에서 일어나는 유아유기, 아동학대, 살인, 방화 등의 범죄나 세계 최고의 자살률도 상당부분 경제력의 결핍과 연관이 있다. 이런 상황에서 정부는 사람다운 삶을 보장하겠다며 온갖 정책을 쏟아 내고 있다. 그러나 안타깝게도 이런 정책들이 오히려 국민의 삶을 어렵게 만들고 있다.

경제력의 가장 기본은 일자리를 갖는 것이다. 현 정부는 일자리 정부를 표방하고 출발하여 일자리위원회를 만들고 대통령 집무실에 일자리 상황판을 걸어 놓고 매일 점검하겠다고 큰소리를 치며 시작했다. 그러나 일자리는 날이 갈수록 줄어들고 있다.

노동자의 삶을 개선시키겠다고 최저임금 인상, 주52시간제, 비정규직 철폐를 진행하는데도 민간의 일자리는 오히려 점점 줄어들고 있다. 코로나까지 덮치면서 작년 한 해에만 실업자가 45만 명이 늘어 실업률 4.0%에 이르렀다. 60대 취업자가 37만 명 늘어난 걸 제외하면 전 연령대에서 58만 명이나 줄어들었다. 반면에 공공부문에서는 15만 명이 늘어나 대조를 이루고 있다.

기업에 대한 압박과 부담이 점점 늘어 사업 의지를 축소시키고 있다. 일자리를 줄이고 있는 원인인 노동조건 강화 외에도 산업재해에 대한 부담을 경영자에게 주더니 이익공유제라는 괴물까지 들고 나오고 있다. 선진국에서 하고 있는 제도라고 왜곡하고 있는데 선진국에서는 사업의 결과인 이익만 공유하는 게 아니라 진행과정에서의 투자와 리스크까지 공유하는 것이다.

그런가 하면 창업과 혁신을 가로막는 규제와 기득권을 해결하지 못하고 있으니 새로운 산업이 꽃을 피우지 못하고 있다. LG가 스마트폰 사업을 접는 걸 검토하듯이 전통적 산업이 기울어지면 새로운 산업으로 대체할 준비를 해야 하는데 그 길이 보이질 않는다. 전통적 산업의 일자리는 줄고 새로운 산업의 일자리는 늘지 않는 결과를 낳고 있다.

하루가 멀다 하고 줄어들고 있는 일자리에서 얻어지는 월급만으로는 부를 축적하기 어렵다. 미국에서 은퇴를 선언한 청년처럼 혁신 창업 기업에 투자해 자본 이득을 얻을 수 있는 기회가 늘어나야 한다.

월급 외에 대표적으로 취할 수 있는 자본 이득은 주식과 주택인데 지금 젊은 세대에게 이 두 길이 막힌 꼴이다. 국내 주식 시장에 공매도 금지를 포함해 제약이 생기니 해외 주식에 대한 직접 투자가 늘고 있다. 국내 개미투자(동학개미)에 비교해 서학개미라 부르기도 한다.

오랜 기간 유지되어 온 토지와 주택의 자본으로서의 기능을 부정하면서 토지와 주택을 사유 재산으로 인정하지 않을 수는 없으니, 대신 강력한 세금정책이나 융자 제한 같은 정책을 내놓았지만 시장에서는 역작용만 생기고 있다. 공급을 늘린다며 공공개발을 진행해 이익 환수제도까지 도입하고 있다.

이런 정책들은 청년들의 주택 마련 기회를 차단하고 기존 장년층 부동산 자본가들의 가치만 올리는 것이다. 청년들이 원하는 건 임대 주택에서 사는 것뿐 아니라 작더라도, 융자를 받더라도 내 집을 갖기를 원하는 것이다. 정부는 청년들이 국가의 지원과 최저 임금으로 최소 공간에서 살면 된다는 인식을 버려야 한다.

일자리 갖기 힘들고, 새로운 사업을 일으키기 힘들고, 자본 이득을 취할 기회가 없어지면 부자가 되는 길은 멀어진다. 정부가 마련해 주는 대로 살아야 한다. 결국 의도와 다르게 이미 형성된 자본가들의 자본가치만 높여줄 뿐이다.

(21/01/26)

02
2030세대가 미래를 지켜야 한다

'Naeronambul^(내로남불)'이라는 신조어가 미국 신문에 등장했다고 한다. 이번 보궐선거에서 집권여당이 크게 패한 이유로 꼽은 단어이다. 이 정권 사람들이 하는 행동양식을 서양 사람들의 눈에도 들키고 만 것이다.

그해 겨울 촛불은 매서웠다. 국정 농단에 대한 가차 없는 처단이 이루어졌다. 촛불에 올라타 특히 젊은 층의 지지를 받아 대통령에 당선된 문재인은 포효했다. '기회는 평등하고, 과정은 공정하고 결과는 정의로울 것'이라고 했다. '2017년 5월 10일은 진정한 국민 통합이 시작된 날로 역사에 기록될 것'이라고도 했다. 지지 여부와 상관없이 가슴 벅차고 기대 부풀게 하는 명문이었다. 그러나 거기까지였다.

취임 후 첫 외부 행사에서부터 불공정의 대명사가 된 인국공(인천국제공항공사) 사태를 일으켰다. '긱^{gig}이코노미' 시대가 다가오는 시대적

흐름도 이해 못하면서 비정규직은 나쁜 것이라는 단순한 사고로 모든 공기업의 비정규직을 정규직화한다고 선언해 버렸다. 그 당시 대상이 된 6000여 명은 분야별 전문기업에서 파견된 근로자들이 대부분이었다. 이들 모두를 공기업의 정규직으로 전환해 준다고 하니 당사자들은 '땡 잡은 꼴'이었다.

그러나 공기업에 입사하기 위해 엄청나게 스펙을 쌓고 관문을 통과하기 위해 피나는 노력을 했던 기존 사원들로서는 황당하기 짝이 없는 일이었다. 또 공사에 입사하기 위해 준비하고 있는 사람들의 기회의 문은 좁아졌다. 자격과 공정 시비가 붙기 시작했다.

조국 사태로 평등, 공정, 정의는 처참하게 무너졌다. 부모의 능력에 기대어 기회가 평등하게 주어지지 않는 장면이 노출되었고, 인턴, 논문, 봉사 등의 모든 과정이 공정하게 진행되지 않았으며, 지금까지도 정의롭게 처리되지도 않고 있다. 이런 결과로 그 모든 과정을 주도한 어미는 실형을 받고 철창에 갇혀 있는데 아비는 정의의 사도가 되어 개혁을 외치고 있다.

자신들의 자식은 특목고를 보내 놓고 자사고·특목고를 없애겠다고 한다. 자신들은 다주택을 보유하면서, 다주택을 처분하라고 중과세를 부가하며 압력을 가하고 있다. 또 자신들은 여러 이유를 들며 농지를 사면서 경자유전을 외치고 있다.

젊은이들에게 영끌해서 주택을 살 필요 없이 임대주택에 살면 된다며 대출도 다 차단해 놓고 집값을 폭등시켜 놨다. 파이어족이 되기를 꿈꾸고 있는 MZ세대에게는 피 끓는 일이다.

이유가 어떻든 자신들이 뜻한 바가 있으면 어떠한 반대가 있든 밀어붙이며 끊임없는 갈등을 일으키고 있다. 야바위같이 위성정당을 만드는가 하면 대통령이 대표이던 시절에 만든 자신들의 결격사유로 인한 보궐선거에 후보를 내지 않겠다는 당헌을 눈 하나 깜짝하지 않고 바꾼다. 이런 모든 행위들이 국민들의 눈에 보이지 않는다고 여기는 듯하다.

그 와중에 여당 후보는 자신과 민주당에 대한 지지도가 낮은 이유를 20대 청년들이 역사에 대한 경험치가 낮아서 그렇다고 했다. 자신들이 민주화 운동을 했다고 하는 20대와 지금의 20대는 다르다고 여기는 듯하다. 그들보다 더 윗세대인 내 눈으로는 오히려 그들의 역사적 경험이 양 눈을 가린 경주마처럼 편협하게 보인다. 여행자유화도 되지 않았던 시대에 민주화 운동을 했던 세대에 비해 현재의 20대가 글로벌 경험과 미래에 대한 상상이 훨씬 풍부함을 본다. 세상을 보는 눈이 균형이 잡혀있고 공정에 대해 훨씬 민감하게 반응하고 있다. 그렇기에 국정농단을 바라보며 문재인 대통령에게 그토록 열광적인 지지를 보냈던 것이다.

2030세대는 이념에 경도된 기성세대와 다르게 고정관념이 아니라 현실의 전개에 따라 움직이는 균형추 역할을 할 것으로 보인다. 정치적으로는 '스윙보터swing voter'가 될 것이다. 말로만 국민 통합을 외치는 기존 정치권에 대해 언제든 회초리를 들 수 있는 세대인 것이다.

이런 2030세대는 60년대 독재 반대·한일회담 반대, 70년대 유신과 80년대 정권찬탈을 보며 군사독재에 대항해 민주화 운동을 했던 세대와 달리 이제는 미래를 지키는 일에 나서야 한다.

대한민국이 미래로 나아가는 데 걸림돌을 철폐시키는 일에 매달려야 한다. 표를 좇는 정치권은 여러 기득권 세력, 노동세력, 정치화된 시민운동세력의 벽을 허물 수 없다. 오직 젊은 세대만이 해낼 수 있다.

아울러 나라의 재정을 지키는 투사가 되어야 한다. 현 세대가 늘려 놓는 빚은 다 자신들이 앞으로 갚아야 하는 것이다. 금년도에 공공부채가 GDP를 넘어 2000조 원에 가까워지고 있다. 그중 절반 이상이 빠르게 늘고 있는 공무원연금 등의 장기 충당금 부채이다.

이런 상태가 지속되면 나라 살림을 건전하게 할 수 없거나 50~60%에 달하는 소득세를 내야 할지 모른다. 연금, 의료보험료를 합하면 훨씬 많아진다.

이렇듯 2030세대는 자신들의 미래를 지키기 위해 눈을 부릅떠야 한다.

(21/04/19)

03

자산을 축적할 사다리를 걷어차지 마라

　새로운 사업이나 투자 계획을 세울 때 마지막으로 챙기는 것이 진입장벽이다. 새로 시작하는 쪽에서는 진입장벽이 높으면 시작이 어렵고 낮으면 사업을 보호받기 힘들어진다.

　익히 알려진 대로 우리나라의 자영업자 비율은 선진국에 비해 두세 배에 달한다. 550만 명 정도의 자영업자가 활동하고 있다. 경제상황, 특히 금년처럼 코로나 같은 특수 요인에 따라 예외가 있기는 하지만 그중 1년 동안 100만 명 정도가 창업과 폐업을 한다. 1년 동안의 변동률이 18%에 달하는 것이다. 5년 동안 합치면 자그마치 90%에 달한다. 창업해서 5년 내에 폐업하는 비율이 45% 정도 된다는 계산이다. 뚜렷이 할 일도 마땅치 않은데 진입장벽이 낮으니 쉽게 시작했다 쉽게 망하는 꼴이다.

　반면에 4차산업혁명 관련 상장기업 교체율은 5년간 14.4%(미국

36.6%)에 불과하다. 혁신 기업이 부족하거나, '타다'의 경우처럼 혁신 기업의 진입장벽이 너무 높다는 뜻이다. 기업의 역동성이 떨어져 혁신경제를 아무리 강조해도 활성화시키는 데 한계가 있는 것이다.

자영업자들은 무모한 창업으로 털리고, 혁신 기업들은 자리를 잡을 수 없으니 새롭게 자산을 축적하는 길이 멀기만 하다. 그러니 기존 중산층은 무너지고 새로운 중산층이 생기기도 어려운 현실이다. 이런 상황이 지속되면 기존에 축적하고 있는 자산가들의 자산가치만 더 높아지기 마련이다.

중산층까지 질 좋은 임대주택에 살게 하겠다는 정책은 기존 주택 보유자들의 집값만 올려놓는 결과를 초래하게 된다. 청년이나 무주택자들이 희망을 가지고 작은 집에서부터 늘려가며 자산을 축적하는 길을 차단하는 것이다. 기존 보유자들과의 자산의 갭이 점점 벌어져 희망이 없고 상대적 박탈감만 키우는 잘못된 정책이다.

기초 보호대상자들에게는 저렴하고 질 좋은 공공 임대 주택을 제공하는 것이 당연하다. 그러나 중산층까지 집 살 필요 없이 임대주택에 살면 된다 할 것이 아니다. 최초 구매자에게는 장기간 거주 조건으로 일반 분양에 비해 과감한 할인과 장기간 융자를 해 주택을 소유할 수 있는 길을 열어줘야 한다. 주택이 재산 증식의 수단이 되어 온 역사를 무시하고 주택은 주거 목적이어야 한다고 국민들을 계도할 일이 아니다. 계층별로 국민들의 다양한 욕구를 충족시키는 촘촘한 정책이 필요하다.

노동정책, 산업재해 정책처럼 노동자들의 삶의 질을 향상시킨다고 하는 정책 역시 정책 목표와 다르게 노동자들의 자산 축적의 장벽을 높이는 역할을 하고 있다. 산업 현장에 로봇과 자동화 기기가 늘고 일자리가 줄어들고 있기 때문이다.

근무 시간에 연동되어 있는 근로자들의 수입이 줄어드는 경우도 허다하다. 아직도 현실에서는 근무 시간을 초과하더라도 수입이 늘어나기를 희망하는 노동자들이 많다. 사업주와 노동자 쌍방의 요구와 동떨어진 일방적인 법 적용을 자제하여야 한다.

빈번히 일어나는 택배노동자들의 사고도 사업주의 책임뿐 아니라 수입 때문에 일을 줄이지 못하는 노동자의 안타까운 현실이 투영된 결과이다.

자영업자나 중소상공인 대책, 노동자를 위한다는 정책, 산업재해 정책, 주택 정책, 혁신경제 정책 등이 목표한 대로 전개되지 않고 부작용이 양산되고 있다. 세상을 자신들이 생각하는 대로 재단하고 '이래야 한다'고 밀어붙이니 현실과 부조화를 일으키는 것이다.

모든 정책은 중산층이 자산을 축적할 수 있도록 방향이 맞춰져 있어야 한다. 정부가 제공하는 이전소득과 복지성 지원으로는 서민들이 미래의 희망을 가질 수 없다. 힘들더라도 조금씩 자산을 축적할 수 있는 길을 열어줘야 한다. 언젠가는 잘살 수 있다는 소망뿐 아니라 그런 길이 보여야 한다. 하루하루 살아가는 것만이 문제가 아닌 것이다. 정부의 정책이 자산 형성을 가로막는 장벽을 높이고 있다.

(20/12/28)

04

포용성장에 앞서 포용사회 만들어야

대기업의 성장을 통한 낙수효과도 없고 일자리도 만들어지지 않고 있다. 그래서 저소득 계층의 소득 증대를 통해 내수를 진작시키고, 경제가 성장하는 패러다임으로 바꿔야 한다며 소득주도 성장을 추진하고 있다. 사람다운 삶을 보장한다는 목표로 일자리정책과 더불어 각종 복지정책도 잇따르고 있다.

이를 위해 가파른 최저임금인상, 주 52시간근무제 등을 결정했다. 그러나 결과는 정책 의도와는 거꾸로다. 경제성장률이 미국, 일본 등과 역전되며 하향 곡선을 그리고 있고, 일자리와 실업률은 최악의 결과를 보이고 있다. 당·정·청은 금년 말, 내년 초, 내년 하반기 등으로 시기를 계속 미뤄가며 개선 효과가 나타날 것이라 하고 있다.

대통령은 최근 국가 전략회의에서 대대적인 복지 및 일자리 방안을 제시하며 포용이 우리 사회가 지향하는 가치와 철학이 되어야 한다고 했다. 지속 가능한 사회가 되기 위해 국민의 삶을 전 생애 주기에 걸쳐 국가가 책임져야 한다고도 했다. 포용성장은 IMF나 OECD도 내세우고 있는 정책이다. 경제성장의 혜택과 기회를 폭넓게 공유해야 한다는 의미를 담고 있다.

IMF나 OECD에서 말하듯 경제가 성장해 그 과실을 폭넓게 나누어야 한다. 정부는 혁신성장을 내세우고 있지만 분야별 예산집행 계획만 나열돼 있는 상태다. 성장의 결과가 얼마나 되고 누가 책임지는 것인지 분명치 않다. 혁신성장을 위해 규제나 기득권을 철폐한다며 말만 무성한 상태이다.

전 국민의 생애주기별로 국가가 책임진다고 하니 그야말로 파라다이스 같은 국가가 다가오고 있는 듯하다. 국민의 입장에서는 큰 방향의 설정은 그렇다 치더라도 당장의 일자리, 주거, 의료 등이 급하다. 재원 마련 방안도 제시되지 않은 상태에서 비전 제시만으로는 납득하기 어렵다.

각종 증세를 통해 재원을 마련하려 하나 기업이든 개인이든 부담률이 높은 상위 10%를 대상으로 세금을 올려 봐야 한계가 있고, 투자만 위축시킬 수 있다. 결국 뚜렷하고 확고한 경제성장 대책이 있어야 한다. 그 결과 중산층과 건실한 중견 기업이 늘어나고 세원税源이 확대돼야 재정도 확충할 수 있다.

정부가 심혈을 기울이고 있는 남북정상회담에 대한 국민의 관심이 1차 때보다 떨어진 것도 결국 경제, 일자리, 실업, 최저임금과 52시간 근무제 등에 의한 혼란이 원인이라 할 수 있다. 포용을 경제적 소외

계층에만 국한시켜야 하는가 하는 의문도 든다. 모든 분야에서 배제 exclusive나 차별discrimination을 없애 포용사회를 만들어야 성숙한 국가가 될 수 있다.

불평등은 성장의 독
모두에게 기회 주는, 포용성장

지난 정부에서 이념에 의한 편 가르기 행태로 나타난 블랙리스트, 화이트리스트 시행을 적폐 중 적폐로 꼽았다. 이 정부에서는 이념이나 정치적 성향, 정책적 차이 등에 의한 배제와 차별이 사라졌기를 바란다. 단순히 경제적 약자뿐 아니라 장애인, 인종, 성, 연령, 성소수자, 탈북민, 난민, 비혼모 등의 사회적 소수자들에 대한 차별이 존재한다면 포용사회로의 길은 멀다.

선진국으로 가려면 장애인에 대해 국가가 평생 더 확실하게 책임지고 지원해야 한다. 이들에 대한 차가운 시선도 없어져야 한다. 미국은 여러 문제가 많지만 장애인에 대한 국가와 사회의 배려를 보면 역시 선진국이라는 공감을 갖게 된다.

다문화 가정이 늘어나는 시대적 조류에 따라 그들을 포용하는 정책도 세심하게 마련해야 한다. 난민과 탈북민들이 우리 사회에 정착하고, 국민다운 삶을 영위할 수 있도록 해야 한다. 성별과 연령에 대한 차별도 없어져야 한다. 선진국에서는 사회생활 어디에서도 나이를 묻지 않는다. 신입이나 퇴직자 공히 나이가 아니라 실력과 능력으로 판단하는 사회가 되어야 한다.

성소수자에 대해서도 서둘러 국가가 현실적 수용의 기준을 정해야 한다. 현실로 존재하고 있는데도 투명인간 취급을 하면 안 된다. 비혼모뿐 아니라 그 자녀에 대한 국가의 책임과 의무를 강화하여야 한다. 선진국가가 되려면 경제적 약자에 대한 포용만이 아니라 사회적 소수자들에 대해 차별과 편견을 거두고 이들을 포용할 수 있어야 한다.

(18/10/12)

05

나라 돈에 무감각한 사람들

한 강연에서 저출산고령화가 빠르게 진행되어 총인구가 줄기 시
작했으며 이는 우리 사회의 심각한 변화를 초래할 것임을 강조했다.
벌써 정원 미달인 대학이 늘고 있으며 서울에서 거리가 멀수록 심각
하다는 예를 들었다. 이런 상황에서 정치적인 목적으로 나주에 한전
공대를 설립하는 것에 대해서 어떻게 생각하냐는 질문이 돌아왔다.

정치 관련 유무는 알 수 없으나 호남에도 포항공대나 울산과학기
술대학교 같은 명문대학이 생기는 건 지역균형 발전을 위해 바람직
한 일이라 답했다. 문제는 포항과 울산 같은 배후도시와의 상호작용
이다. 포항제철, 현대조선 같은 대기업이 배후에 있어 가능했기 때문
이다.

현 정부에서 8000억 원을 들여 설립하는 것만이 아니라 지속적인
투자가 가능한지 확실한 대책이 있어야 한다. 그렇고 그런 또 하나의

지방대학이 아니라 명문대학으로 발전하기 위해 적자 상태인 공기업이 얼마나 지속적으로 투자할 수 있을지 가늠하기 힘들다.

노동, 산업재해, 이익공유, 방역손실보상 등을 이유로 정치권과 정부가 기업의 사업 모델과 경영에 주저 없이 개입하고 있다. 필요하다고 여기는 문제 해결에만 초점을 맞추고 기업 활동 전반에 얼마나 영향을 주는지는 아랑곳하지 않는다. 특히 돈의 규모나 흐름에 대한 이해가 없으며, 목표 달성을 위한 '경제적 후과'에 대해 무지하다.

정부의 출범과 함께 시작된 노동 조건 강화(최저임금인상, 주52시간제, 비정규직철폐)가 대표적이다. 사회적 총비용이 얼마인지, 기업이 감내할 수 있는지, 부작용은 없는지 분석도 없이 명분으로만 밀어붙여져 여러 부작용, 역작용을 일으키고 있다. 수많은 기업들에 영향을 미쳐 기업의 수익 모델을 바꾸고 있다. 심지어는 사업을 지속할 수 없는 기업도 생기고 있다.

수년째 논의되고 있는 산업재해방지를 위한 법과 제도도 그렇다. 특히 최근 택배기사들을 보호하기 위한 협약 역시 마찬가지이다. 정치권이나 사회단체는 자신들이 제시한 방안이 기업에 경제적으로 얼마나 영향을 미치는 지에는 관심이 없다. 그냥 필요하다고 여기는 것을 밀어붙일 뿐이다.

택배기사들이 하던 선별작업을 기업이 맡기로 했다. 기업은 선별작업 인원을 추가로 고용해야 한다. 제일 큰 업체의 경우 이 비용으로 이익의 60% 이상을 지불해야 한다고 한다. 한편 택배기사의 근로시간을 60시간으로 제한하고 야간배송을 금지시켰다. 시간 제약으로 택배기사들의 노동 강도는 낮아졌으나 수입이 줄어들게 된다. 이에 건당 처리비용 인상을 요구하는 움직임도 있다. 한편 야간 배송 금지는 소비자들의 편의를 제한하게 된다. 특히 신선식품을 위한 야간 배송은 유통업계의 발전을 이끌어 오기도 했는데 그것 역시 제한하게 되었다.

이런 방식으로 택배기사의 노동강도를 낮추는 결정은 여러 가지 문제를 파생시킨다. 제한을 모두 수용하면 장기적으로는 수익성이 나빠져 사업을 지속할 수 없다. 아니면 택배 비용인상을 소비자에게 전가할 수밖에 없게 된다. 한편 택배기사들은 노동 강도가 낮아진 대가로 수입이 줄어드는 걸 걱정하게 된다.

유통, 물류 산업을 축소시키는 결과도 초래한다. 기업은 사업을 신장시키기 위해 기회를 좇아야 하는데 정치권에 의해 제한받게 된 것이다. 결국 국가의 물류경쟁력을 떨어뜨린다.

기업의 경제활동은 사회문화적인 환경 속에서 싹을 키우는 일이다. 일본 공항에 내린 승객은 도어 투 도어door to door 서비스가 발달되어 있어 큰 짐을 직접 들고 이동하지 않는다. 어디서라도 집까지 부치면 된다. 심지어 골프나 스키도 이 서비스를 이용하고 장비 없이 대중교통으로 이동한다.

이렇듯 훌륭한 서비스 비즈니스 모델은 기업에게는 사업 기회를 늘리고 고객들의 편의를 증진시키고 라이프스타일을 바꾸게 한다. 정치권이 함부로 사업의 프로세스에 개입하지 말아야 한다.

코로나로 인한 보상법을 만든다고 한다. 국가가 방역을 위해 사업을 제한한 결과로 생긴 손실을 보상하는 걸 법으로 규정하겠다는 것이다. 한 달에 최대 24조 원이 들 것으로 예상하기도 한다. 채권을 발행하거나 한국은행이 돈을 찍으라고 압박하고 있다.

보상의 대상, 범위, 규모, 기간 등의 고려 없이 법부터 만들겠다는 것이다. 전쟁, 재난, 질병 등의 긴급 사태에 국가가 개인이나 기업을 제약하는 상황에 지원을 넘어 국가가 보상을 해야 한다는 것이다. 그야말로 법 만능주의다. 총리가 신중론을 펴는 주무부처에 소리를 지르고, 당과 정부가 갈등을 일으키고, 대선주자끼리도 목소리를 높이고 있다. 보상 이전에 개인의 사업에 개입을 최소화하는 스마트한 방역을 해야 한다. 돈을 퍼붓더라도 보상이 아니라 사전 방역에 투입해야 한다.

돈이 얼마나 들어가는지 알 바 없고, 돈을 어떻게 마련해야 할지는 관심도 없다. 기업을 활성화시킬지 위축시킬지는 알지도 못하면서 그저 필요한 일이면 밀어붙인다. 세상 모든 일이 좋아 보이고 지지받을 수 있다고 할 수 있는 것이 아니다. 가정에서도 여러 여건들을 살피지 못하고, 필요하고 좋아 보이는 일에 돈을 마구 쓰면 미래가 없다.

5060 세대가 군사독재에 저항하며 민주화를 위해 투쟁했다면 이 시대의 청년들은 나라 돈을 지키는 일에 눈을 떠야 한다. 빚내서 마구 쓰이는 돈은 미래에 자신들이 갚아야 할 돈이기 때문이다.

(21/02/04)

레고 블록을 보며
미래의 일과 일자리를 생각한다

손주가 즐겨 가지고 노는 레고 블록을 보며 미래의 일과 일자리를 생각해 본다. 40년 전의 레고 블록은 똑같은 기본형 외에 몇 가지 모양이 구성의 전부였다. 그러던 것이 요즈음은 스토리가 있는 다양한 여러 모형을 만들 수 있게 구성되어 있다. 기본 블록 외에 특수한 용도의 크고 작은 다양한 블록들이 잔 조각처럼 포함되어 있다. 모터가 장착되기도 하고, QR 코드, VR, 센서, 앱 연동 같은 기술이 채택되기도 한다.

세상은 수많은 다양한 일로 유지된다. 기본적으로 상시해야 하는 일이 있는가 하면, 특수하게 필요한 일시적인 일이 있다. 과거에는 특수한 일보다 일반적인 일이 대종을 이루었다.

몇 개의 직종 구분이 있기는 하지만 고시(공무원시험)나 기업의 일괄 채용제도는 일반적인 일에 적합한 제도이다. 순환보직도 마찬가지이다. 전문성이나 특수성의 고려가 없는 것이다. 기본적으로 일정한 시험을 통과한 사람은 무슨 일을 시켜도 잘할 수 있다는 가정이 전제되어 있다. 종신 고용 또한 상시적인 일에 적합한 고용 형태이다. 이런 상황에서 노동자의 고용안정을 꾀한다고 하지만 일의 입장에서 보면 변화가 필요하다.

40년 전의 레고 블록처럼 기본 블록만 가지고 여러 모형을 만들어야 하는 게 어려운 것과 마찬가지이다. 시대변화에 따라 여러 형태의 일과 능력이 필요하고 경우에 따라서는 일시적인 일들이 수두룩한데 여전히 일괄채용에 종신고용을 기본으로 하고 있다.

모든 일이 보편적이고 항구적이라는 생각과 한번 관문을 통과한 사람은 무슨 일이라도 할 수 있다고 믿으니 비정규직 제로 같은 시대착오적인 선언을 하게 된다. 시대 변화와 현장에 부합하지 않으니 여러 부작용과 갈등을 초래하게 된다. 일자리를 늘리고 일자리를 안정시키겠다고 내놓는 정책이 점점 일자리를 축소시키고 일자리 불안만 가중시키고 있다.

세상에 어떤 일이 존재하고, 그 일의 성격이 어떻고, 어떤 사람들이 어떤 시기에 그 일을 해낼 수 있는지 이해해야 한다. 레고 블록처럼 직업(직군)의 종류도 수백 가지에서 수만 가지로 늘어있는 시대이다. 이런 시대에 모든 일자리를 한번 입사해 정규직이 되어 정년을 마치는 것으로 규정하면 세상을 운영할 수가 없다. 기본 블록만으로는 멋들어진 모형을 만들 수 없는 것과 같은 이치이다. 오히려 점점 더 특수한 능력(조각)으로 일시적인 계약에 의한 일시적 일자리가 늘어나는 시대이다.

소위 긱워커geek worker가 천지인 세상이다. 불행하게도 더 이상 누가 누구를 고용하고 누구를 책임지는 시대가 아닌 것이다. 작금의 사태는 일자리에 관한 한 인지부조화 상태에 있다.

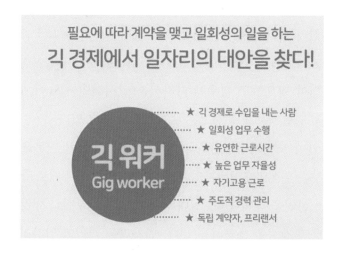

특수한 능력을 가진 사람들은 정규직, 고용안정 같은 고용조건에 대해 신경 쓰지 않는다. 언제든 필요한 곳을 찾을 수 있으며, 스스로 고용하기도 한다. 요즈음 IT 개발자, AI 전문가, 반도체기술자 등이 그렇다. 고층 건물이 늘어나면서 고층 건물 외벽 청소인력이 대표적 긱워커이다. 정규직, 종신고용은 아니지만 꼭 필요한 일이고 대우도 잘 받을 수 있다. 모터나 IT 기술이 장착된 레고 블록처럼 대우를 받고 언제든지 중요하게 쓰일 수 있다.

과거 안정적인 일자리였던 일반적인 사무직이나 생산직들이 가장 타격을 받게 될 것이다. 아이러니하게도 현재 우리사회에서 노동조합에 가입되어 가장 보장받고 있는 계층이다. 꼭 필요한 고위 경영자나 관리자들을 제외하면 로봇화, 자동화의 대상이다. 레고 블록의 기본 블록에 해당하는 것이다.

현재 노동조합에도 가입되어 있지 못한 열악한 진짜 노동자들의 일자리는 사라지지 않겠지만 여전히 어려움을 겪게 될 것이다. 기본 블록도 되지 못하는 반쪽짜리 조각들이다.

일자리 정책 당국자들은 시대의 변화를 잘 읽어야 한다. 이제 사라져가는 일자리를 대변하는 과거의 노동주도 세력들의 목소리를 반영한 노동정책만으로는 일자리를 만들 수도 일자리를 지킬 수도 없다.

우리 사회에 어떤 특수 일자리들이 늘어나는지 파악해 그 인력을 키우고, 그들의 일 형태에 맞는 고용 및 일자리정책을 세워야 한다. 또 점점 사라질 전통 안정적 일자리에 대한 대비책이 필요하다. 노동 갈등을 내재하고 있는 대표적인 계층이다. 금융권이 대우는 좋다고는 하나 전체적으로는 고용이 줄고 있는 것이 좋은 예이다. 역시 노동조합에 가입도 못 하는 열악한 일자리에 대한 보호장치를 마련해야 한다.

일자리를 말하는 정치권과 정책당국자들의 세상읽기가 절실하다.

(21/05/24)

02
기업 인력 시장의 변화에 주목하라

　미국에서는 빌 게이츠 마이크로소프트 창업자처럼 1970~80년대에 IT 기업을 창업해 큰 성공을 거둔 사례가 많다. 20여 년 전에는 IT 버블 시기를 거치면서 젊은이들의 기업과 직장을 바라보는 시각이 바뀌기 시작했다. 젊은이들이 전통적인 대기업보다 벤처기업을 더 선호하게 된 건 큰 변화가 아닐 수 없다.

　벤처 기업이 젊은이들한테 어필appeal하는 건 자유스러운 문화와 미래에 큰돈을 벌 수 있는 가능성이다. 수십 년간 형성된 수직적인 문화는 젊은이들을 숨 막히게 할 뿐 아니라 기업이 창의적으로 미래를 개척하는 데에도 큰 장애 요인이다. 그 결과로 명성을 누리던 많은 장수 기업들이 사라지고 있다.

　또 안정적으로 꼬박꼬박 월급만 받기보다 창업은 못 했더라도 벤처 창업 기업에 참여해 큰 목돈을 벌기를 원하는 청년들이 늘어났다. 한

번으로 그치는 것이 아니라 창업 기업만 여러 차례 참여하기도 한다.

현재 우리나라의 현실처럼 몇 십 년 월급을 꼬박 모아야 집 하나 겨우 장만할 수 있는 상황에서는 청년들이 돈을 벌 수 있는 방법은 이 길밖에 없다. 결국 기업과 종업원들이 미래를 위해 같이 투자(베팅)하는 것이다. 미국에는 이렇게 해서 부자가 된 월급쟁이들이 많다.

창업해서 큰돈 벌고, 창업 기업에 투자해 큰돈 벌고, 창업 기업에 취직해 큰 목돈을 만든다. 이들이 또다시 창업하거나, 투자하거나, 또 다른 창업 기업에 참여하는 순환이 일어나고 있는 것이다. 40~50년간의 이런 생태계가 미국이라는 나라를 세계를 선도하는 국가로 만들었다.

최근 우리나라에도 이런 변화가 일어나기 시작했다. 선호하는 직장의 기준으로 삼는 보상, 복지, 문화 등에서 주요 대기업이 IT 기업들에 밀리기 시작한 것이다. 지난 5년간 주요 대기업의 평균 급여 인상률은 20% 미만인 데 비해 잘나가는 IT 기업들은 40~50%를 넘기고 있다. 복지와 문화에 있어서도 앞설 뿐 아니라 최근 상장한 기업들은 일반 월급쟁이들은 만져 볼 수도 없는 큰 몫을 안겨 주고 있다.

최근에는 성공한 IT 기업뿐 아니라 모범적인 중소기업 중에서도 이익분배 원칙을 정해 직원 30%, 주주 30%, 회사 30%, 사회환원 10%로 배분을 실천하는 사례도 생기고 있다. 그뿐 아니라 직원들에게 옵션을 부여하는 기업들이 늘어나고 있다.

이런 변화는 젊은이들이 바라보는 좋은 기업, 일하고 싶은 기업의 우선순위를 크게 바꿀 것이다. 보상도 집단주의적인 성격의 기업 문화를 탈피해 직종별, 개인별 성과주의로 변할 수밖에 없다. 노조에서는 차별 보상을 반대하고 있으나 기업이 발전하고 지속되기 위해서는 이런 변화를 수용해야 한다. 프로 야구단에서 포지션 별, 개인 능력 별, 전년도 성과 별로 보상이 다른 것과 마찬가지이다.

시대의 변화와 함께 인재들이 기피하는 기업이 되면서 얼마나 많은 전통 강자들이 사라졌는지 잘 살펴야 한다. 우리나라에서는 전통 대기업이 아직 상위 순위를 지키고 있으나 미국에서는 이미 다우지수 구성(30개 상위기업) 원년 멤버들은 하나도 남아 있지 않고 지난 10년 간 10대기업에 자리를 지키고 있는 것은 마이크로소프트뿐이다.

기업은 젊은이들의 도전과 창의를 담는 그릇으로서 채용, 보상, 복지를 포함해 인재를 발탁하고 근속retain시키는 새로운 룰을 개발해야 한다. 한편, MZ세대들을 위한 문화가 정착되어야 한다.

업계 최고의 명성이나 자부심 따위는 아무 의미가 없다. 좋은 인재를 품을 수 없는 기업은 미래가 없다. 우리나라에서도 상위 10대 대기업이 10년~30년 후에 얼마나 자리를 지키고 있을지 알 수 없는 일이다. 전통적 대기업들은 3~4세로 경영이 승계 되면서 갈등을 일으키거나 갈 길을 잃고 있다. 반면 IT 기업, IT기반 유니콘 기업들이 상위의 자리를 꿰차고 있다.

정부도 기업의 변화를 읽으며 일자리 정책을 세워야 한다. 일자리의 개념과 가치가 바뀌며 기업의 인재시스템이 바뀌고 있는데 노조와 뜻을 같이하며 변화에 역행하면 일자리도 기업도 지속될 수 없다.

(21/03/24)

03

실리콘밸리 부러우면
노동유연성을 높여라

정치권은 노동 문제를 접근할 때 기업을 선악 프레임으로 대하는 경향이 있다. 선한 기업과 악덕 기업으로 나누는 걸 주저하지 않는다. 그러나 기업 입장에서는 큰 기업이든 자영업자이든 생사의 문제이기 때문에 여러 가지 조건들을 쉽게 수용하지 못한다.

최저임금인상, 주52시간제, 비정규직 제로, 고용보험 확대 등 모든 정책은 뜻으로는 누구나 동의할 수 있다. 그러나 이 모든 정책의 수용 여부는 기업이 생존하는 데 도움이 되느냐에 달렸다. 노동자의 삶을 개선하는 조건을 반영한 정책도 노동생산성이 높아지고 기업의 경쟁력이 향상될 때 지속할 수 있다. 노동자를 보호하기 위한 온갖 장치가 마련되었는데 기업이 사라져 버리면 백약이 무효다.

공기업은 노동자를 위한 무리한 조치로 인해 경영이 어려워져도 사라지지 않는다. 그 대신에 국민 부담이 된다. 136개 공기업의 올해 정규직 인건비는 12조 원에 달한다. 문재인 정부 출범 초기에 비해 16.7% 급증했다. 40% 이상 늘어난 곳도 여럿 있다. 공공서비스 가격 인상으로 이어지거나 적자 경영을 면하려면 국민의 세금을 투입할 수밖에 없다.

사기업은 사정이 다르다. 경영의 부담 또는 적자가 발생하더라도 기댈 데가 없다. 물론 대규모 정부 자금이 투입되는 경우가 늘어서 걱정이기도 하지만, 기본적으로는 스스로 해결하지 못하면 사라진다. 그러니 경영계에서는 생산성에 연동하지 않는 어떠한 조치에도 민감할 수밖에 없다.

샌프란시스코 인근 지역이 '실리콘밸리'로 명성을 얻게 된 배경으로 금융생태계와 노동유연성을 들 수 있다. 수많은 기술기업이 생기고, 사라지며 또 생기기를 반복한다. 미국 4대 기술기업의 시가총액이 5300조 원에 달해 한국의 양대 주식 시장에 상장한 모든 기업의 시가총액의 3배나 된다.

회사가 어렵거나 문 닫으면 언제든 회사를 떠날 각오가 된 유능한 인재들이 (대기업이나 공기업에 취업을 못 해서가 아니라) 성공의 몫을 꿈꾸며 모여들고 있다. 따지고 보자면 본인 스스로를 투자하는 꼴이다. 회사가 어찌되든 고용이 유지되기를 원하는 것이 아니라 회사와 운명을 같이한다. 그 대신 회사가 성공하면 월급 정도가 아니라 대박을 함께 나누는 시스템이다. 이렇게 해서 준재벌급 월급쟁이들이 태어난다. 이들이 또 투자자가 되기도 한다. 우리나라에서도 재벌급으로 성공한 회사 초기에 참여한 사람들이 성공신화를 쓰는 사례들이 늘고 있다.

실리콘밸리에서는 15일 전에만 통지하면 직원을 해고할 수 있다. 그러니 기업은 고용의 부담이 없다. 개인적으로 20여 년 전에 한국사무소를 보름 후에 닫는다는 결정을 사전 협의 없이 전화로 통보받아 당황한 적이 있다. 그러나 그 결정을 한 사람들과 지금도 친구 관계를 유지한다. 사실 경영진과 종업원은 대척적인 관계가 아니다. 법인이라고 하는 가상의 존재를 매개로 서로의 역할에 충실하여 성공을 지향하고 성공하면 몫을 나누고 실패하면 서로 부담을 떠안는 파트너인 것이다.

사업을 하다 보면 흥하기도 하고 계획대로 되지 않아 쪼그라들기도 한다. 또다시 일어나기도 하는 법이다. 경우에 따라서는 사업의 방향을 바꿀 수도 있다. 이럴 때 풍선처럼 늘렸다 줄였다 유연하게 대처할 수 있어야 한다.

기업활동을 선악의 논리로 계속 옭아매려 하니 문제가 안 풀린다. 비정규직이 좋은 예이다. 보수정권에서 비정규직이 양산되었다고

하지만 사실은 참여정부 때 만들어진 비정규직보호법부터 시작한
다. 비정규직보호법이 오히려 비정규직을 양산한다는 반대에도 밀
어붙인 결과다.

비정규직으로 2년 고용하면 의무적으로 정규직으로 전환해야 하
는 규정이다. 그러나 의도와 다르게 현장에서는 2년을 채우기 전에
계약을 해지하는 결과를 낳았다. 비정규직은 또 다른 비정규직 자리
를 찾아 전전하는 상황이 벌어진 것이다.

이제 비정규직 제로를 외친다. 그런데도 기업은 임시직을 고용하
거나 아예 자동화, 로보트화로 고용을 기피하는 사태로 번진다. 무리
를 해서라도 고용을 늘리면 좋을 텐데 한번 고용하면 끝까지 책임져
야 하니 기업에는 많은 부담이다. 이에 더해 고용주에게 여러 가지
법률적 책임을 지우니 고용을 늘리는 길은 요원해 보인다. 결국 늘어
난 고용을 통해 기업의 경쟁력이 높아지든지 노동유연성이라도 늘
리지 않으면 기업의 고용을 늘릴 수 없다.

(20/07/16)

04
노동자 아닌 로봇이 주류인 세상이 온다

　노동절 아침에 문재인 대통령은 이제 노동자가 우리 사회의 주류라고 강조했다. 노동자를 위무하는 한편 책임도 강조하기 위함이었으리라. 후보 시절부터 주류세력 바꾸는 걸 정치적 목표로 내세우고 이를 역사적 당위라고 했던 문 대통령이다.

　촛불을 앞세워 국정 농단세력과 적폐를 청산한다고 하더니 결국 계급투쟁에 앞서 왔노라 선언한 꼴이다. 기존의 주류인 산업화 세력과 엘리트 행정 관료, 사법 및 검찰 고위직, 각 분야 전문가 모두 적폐였던 셈이며, 교체 대상이었던 것이다. 생각이 여기까지 미치니 요즈음 벌어지는 일들이 이해가 되었다.

　이른바 보수 진영이 아무리 자유경제 국가의 정체성, 나라 경제와 재정, 안보 걱정을 외쳐대도 먹히지 않는다. 그저 교체 대상의 넋두리일 뿐이었다.

산업화 세력은 사실 60년대 이후 국가를 발전시키기 위해 전면에서 큰 성과를 이뤘다. 완전 백지 상태에서 국토 개발과 산업 국가로서의 틀을 닦았다. 대한민국 주류로서 성공과 함께 실패와 좌절도 경험했다. 이제 이러한 '공功'은 간데없고 '과오過誤'만 부각돼 비난받는 처지가 됐다.

물론 산업화 세력이 대한민국을 세계 10위권 경제 대국으로 이룩하는 과정에서 사회의 어두운 면을 다 챙기지 못한 아쉬움이 있다. IMF사태로 그 과오가 극명하게 드러났다. 2만 명에 달하는 노숙자, 수백만 명의 실직자를 만들었으며 280만 보호 대상가구도 제대로 살피지 못했다. IMF를 극복했지만 여전히 양극화를 해소하지 못하고 있다.

이러한 상황에서는 나라와 경제의 먼 미래를 걱정하기보다 당장 배고픔을 해결해 주겠다는 세력에 국민들은 손을 들어 줄 수밖에 없다. '포퓰리즘'이라는 비판마저 다가오지 않는다.

그런데 주류는 선언만으로 바뀌거나 역할을 하는 게 아니다. 한 사회의 주류는 자신들의 몫을 늘리기 위해 목소리를 높이며 정치적 위상만 키우면 안 된다. 주류에게는 더 많은 책임이 따른다. 국민이 원하는 방향으로 정치를 이끌어야 하며 국민의 삶을 챙기고 국가 경제를 책임져야 한다.

기왕에 대통령이 나서 노동자를 주류라고 선언했으니 현대사에서의 노동을 되돌아보자. 70년대 본격화한 산업화의 바람으로 전국의 청년들이 도시로, 공장으로 모여들어 노동자가 됐다. 우리시대의 누이들은 가족을 위해 희생하며 젊은 나이에 여공이 되기도 했다. 호구지책이 우선이던 시대이니 애초에 노동자 권리 따위는 없었다.

민주화의 물결과 함께 노동자들도 분연히 일어나기 시작했다. 1987년 노동자대투쟁을 시작으로 우리나라 노동운동의 강도가 강해졌으며 정치 세력화를 이뤄 정치권에도 진입하게 됐다. 임금투쟁과 파업 등을 반복되면서 경영과의 갈등도 심해졌지만 그만큼 노동자의 위상도 높아졌다. 어쩌면 대통령이 노동자를 주류라고 인정할 만큼 균형추가 이미 노동자 쪽으로 많이 기울어진 게 아닌가 싶다.

산업화 초기에 노동자 희생이 큰 디딤돌이었음을 부정할 수 없다. 그런 뜻에서 노동자들이 충분히 보상받지 못했다고 주장할 수 있다.

그런데 조금 더 냉철하게 들여다볼 게 있다. 전체 노동자 2200만 명 중 240만 명 정도만이 노동조합으로 조직화됐다. 2000만 명 가까운 노동자는 조합 결성도 안 된 영세 사업장에서 일을 한다. 반면에 대기업에 속한 노동자들은 평균 연봉이 일억 원에 달하기도 한다. 그래서 '귀족노조'라고 불리운다. 그야말로 노동자라고 다 같은 노동자가 아닌 것이다.

기업들은 경제성장의 정체와 세계 경제 침체까지 겹쳐 경영 환경이 갈수록 나빠진다. 특히 노조 요구가 거세어지고 정부의 친노동정책으로 많은 기업들은 생존 자체도 불투명해지는 게 현실이다. 노동계 요구나 정부 정책도 제 목소리를 내지도 못하는 노동자를 챙기는 것도 아니고 어느덧 기득권이 된 일부 노동자에 맞춰져 있다.

노동 조건은 갈수록 까다로워지는데 노동생산성은 세계 38위밖에 안 된다. 올해 다보스포럼에서 발표된 한국의 인적자원 경쟁력은 27위이다. 노사협력 순위는 고작 119위이다. 이런 현실에서 기업이 살아남기 위한 선택은 외국의 노동자를 많이 고용하거나 아예 노동 의존도를 줄이는 쪽으로 의사결정을 하는 것이다. 결국 국내 일자리가 점점 줄어들 수밖에 없다.

한국 기업이 외국에서 고용한 근로자가 240만 명이 넘는다. 국내에서 고용한 외국인도 100만 명이 넘으니 350만 명 이상의 외국인

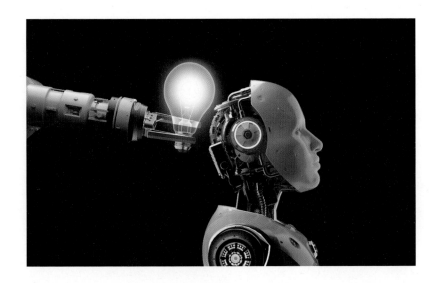

노동자가 생산에 기여하는 셈이다. 이뿐만이 아니다. 세계로봇협회의 발표에 의하면 한국이 2017년 제조업에서의 노동자 만 명당 산업용 로봇 도입 비율은 세계 1위다. 이에 더해 최근 정보통신기술ICT과 로봇을 결합한 자동화는 물론이고 서비스 무인화까지 빠르게 진행됐다. 노동자가 아닌 ICT 기반 서비스와 로봇이 주류인 세상이 오고 있다.

노동자가 말 그대로 주류가 되고 행복해지려면 노동자 스스로 '노동자를 기피하지 않는' 사회부터 만들어야 한다. 생산성이 따르지 않는 노동조건은 되레 노동자를 외면하게 하고, 결국 일자리를 마르게 할 것이다. 기업 경영자들의 눈길을 외국인노동자와 로봇 등의 자동화 기기로부터 국내 노동자로 되돌려야 한다. 노동생산성과 유연성을 높이고 노사협력을 강화하는 길을 모색해야 한다.

(20/05/07)

05

4차산업혁명발 '일자리 불안'에
기름까지 부은 정부

지난 대선 토론 때 문재인 대통령과 안철수 후보 사이에 3D프린터의 3D 발음을 놓고 논박이 붙은 적이 있다. 그 당시 문 대통령이 '삼디'라고 했더니 안 후보는 다 '쓰리디'라고 부른다고 했다. 안 후보는 문 대통령이 4차산업혁명 시대의 본질을 이해하지 못하는 지도자라고 말하고 싶었을 것이다. 문 대통령은 발음이 무슨 대수냐는 식으로 응수했다.

어찌되었든 문 대통령은 집권하자 4차산업혁명이 중요하다며 매머드급 대통령 직속 4차산업혁명 위원회를 발족시켰다. 과기정통부장관, 중소벤처부장관, 산업통상자원부장관, 노동부장관 등 장관만 4명에 청와대 과기 보좌관에 민간위원 20명까지 망라했다.

시작에 비해 성과가 너무 빈약하다. 민간 위원장은 임기를 마치며 자신의 부족을 실토하면서도 한편으로 작심한 듯 쓴소리를 쏟아 냈다. 혁신성장의 주체를 모르겠고, 우선순위에서도 밀렸고, 부처는 비협조에 심지어는 남 일 보듯 하며, 대통령을 2년간 한 번도 독대한 적이 없다고 했다. 기업정책도 친노동에 치우쳤다고 진단했다. 정부가 기업활동에 관심이 없다는 건지 무지하다는 건지 애매하다.

4차산업혁명을 통해 혁신성장을 하기 위해 규제를 철폐해야 한다며 규제 샌드박스니 네거티브 규제니 별소리를 다했지만 기재부의 혁신본부장을 역임한 쏘카의 대표가 고소까지 당하는 웃지 못할 일이 벌어졌다.

규제 철폐도 중요하지만 국가를 경영하는 사람들은 4차산업혁명이 진행되면 사회가 어떻게 바뀌는지, 4차산업혁명이 지금 왜 부각되었고, 진행되는지에 대한 이해가 있어야 한다. 이 정부는 그것을 이해하지 못하면서 지지기반의 한 축인 노조의 목소리만 반영하여 비정규직 제로를 선언하고, 최저임금의 가속페달을 밟고, 주52시간제를 전격 진행해 왔다.

이는 4차산업혁명의 진행으로 안 그래도 커진 일자리 불안에 불을 질러버린 꼴이다. 그러니 경제가 엉망이 될 수밖에 없다. 이제 아무리 재정을 투입해도 민간에서는 노동생산성이 향상되지 않는 한 일자리는 늘릴 수 없는 지경이 되고 말았다.

핵심은 4차산업혁명으로 과거에 비해 기술 비용이 획기적으로 낮아졌다는 사실에 주목해야 한다. 클라우드로 컴퓨팅비용이 낮아져서 인공지능 등의 구현이 쉬워졌다. 또 다양한 로봇을 비교적 저렴한 가격으로 도입할 수 있다. 5G와 IoT 통신으로 통신비도 훨씬 저렴해졌다. 다양한 센서 및 인지 기술 또한 빠르게 가능해지고 있다. 결국 노동을 대체할 수 있는 기술이 무한 가능해졌음을 의미한다.

4차산업혁명으로 ICT 일자리는 늘어나더라도 전통적인 일자리는 사라지게 된다. 수천 명의 고속도로 수금원도, 수만 명의 각종 검침원도, 매일매일 동원되는 수만 명의 피커 아르바이트도, 수십만 명의 판매원, 수만 명의 금융기관의 상담원, 수십만 명의 각종 콜센터 근무자 등등의 일자리가 IoT 기술 및 완전 자동물류 창고의 도입, 식음료매장 및 마트 등의 자동화로 인해 사라질 것이다. 이후 어떤 전문직의 일자리가 줄어들지 알 수 없는 일이다. 일자리를 늘린다고 허황된 소리를 할 것이 아니라 우선 매년 얼마만 한 일자리가 사라지고 생기는지 먼저 예측해야 한다.

안 그래도 노동경쟁력이 떨어지고 있는 현실이다. 노동자의 삶을 개선하겠다는 일념만으로 최저임금인상, 비정규직 철폐, 주52시간제 등을 밀어붙인 것은 '일자리 감소'라는 불에 기름을 부은 격이다. 한편으로 기술 가격이 내려가는 데 반해 다른 한편으로 노동 비용이 급격히 높아지면 사업가는 자본을 노동보다 기술에 투입할 수밖에 없다. 최근 눈앞에 보이는 것은 빠르게 진행되는 유통업계의 무인화 자동화이다.

지도자와 그 주변의 정권 참여자들이 미래의 기술과 그 물결의 의미를 모르는 것은 전 세계가 국경도 없이 경쟁하는 시대에 국가의 불행이 아닐 수 없다. 이런 상황이 지속되면 어렵게 일자리를 지킨 사람들의 조건은 좀 나아질망정 대부분의 노동자들은 점점 일자리를 찾기 어려워진다. 기득권 노조만 잘 먹고 잘사는 임금 인상의 노조운동은 잘못되었다는 일부 노조의 고백까지 나오고 있는 실정이다. 지금이라도 정확하게 일자리를 예측하고 현명한 판단으로 노동시장을 혁신해야 한다.

현 정부에서 말하는 어떤 혁신보다 가장 시급한 것이 노동혁신이다. 일자리는 먹고사는 문제이고 기업이 유지되어야 나라도 융성할 수 있기 때문이다.

지난 수십 년 기업가 정신과 노동자들의 희생으로 일으켜온 대한민국의 일자리를 로봇, 자동화기기, 외국(인)노동자들에게 더 내어 주지 않으려면 돈으로 일자리 수를 늘릴 것이 아니라 노동개혁과 더불어 다른 한편 규제혁신으로 새로운 사업이 일어날 수 있도록 해야 한다.

(19/12/03)

06
통계가 아니라 현장에서 답을 찾아야

자연과학 현상은 계량, 계측, 관측할 수 있는 데 반해 사회현상은 그게 불가능하다. 표본으로부터 통계적인 방법으로 그 의미를 읽어 내야 한다. 통계를 구하는 것을 기술이라 하면 그 의미를 파악하는 것은 통찰력이다.

기상 예측의 경우 똑같은 관측 데이터를 가지고 분석을 해도 예보자의 판단에 따라 달라지는 경우가 허다하다. 그래서 아주 나쁘거나 아주 좋은 날씨가 아니고 애매한 경우에는 오류를 줄이기 위해 여러 명이 같이 판단하기도 한다. 선거에서 박빙 상태일 때 예측이 더 어려운 것과 마찬가지다.

고용 증가폭이 월 5000명 수준으로 줄어든 고용참사, 출산율 0.97명, 저소득층의 소득 감소와 소득양극화 확대 등 통계청의 연이은 발표로 청와대에 비상이 걸린 듯하다. 이례적으로 주말에 정책실장이 소득

주도성장을 더 강화하겠다고 언론 브리핑을 하고, 통계청장도 교체했다. 통계와 통계청장 교체는 관련이 없다 했지만 물러나는 통계청장은 "통계가 정치적 도구가 되지 않도록 노력했다"는 말로 여운을 남겼다.

통계 오류에 대한 시비는 가계동향조사의 표본 수를 2016년 8700가구에서 2017년 5500가구로 줄였다가 2018년에 다시 8000가구로 늘린 게 문제가 됐다. 필자는 통계 전문가가 아니지만 의례히 표본의 변화에 따른 전문적인 보정이 있었을 것으로 생각한다. 이임 청장의 말은 결과를 왜곡하지 않고 있는 그대로 발표했다는 뜻일 것이다.

최저임금을 크게 올리고, 예산을 퍼부어 저소득층을 지원해 가처분 소득이 늘어나면 소비가 따라서 증가하고 경제가 좋아진다고 주장하는데 왜 결과는 반대로 나타났을까. 답은 이론이 아니라 현장에서 찾아야 한다.

일부 구조적인 변화의 원인도 있다. 노령인구가 급속히 늘면서 가난한 노인층도 같이 증가하고 있다. 최저임금의 혜택을 본 사람들은 분명히 소득이 올랐을 것이다. 반면에 일자리를 갖지 못한 사람들의 일자리 문턱이 점점 높아지고 있다는 데 문제가 있다. 일부가 정책의 수혜를 보았다 해도 훨씬 더 많은 사람들이 정책의 피해를 본다면 올바른 길이 아니다.

과수나무에 매달려 있는 과일만 잘 보살피고 과일의 수확이 좋았다고 할 것이 아니라 낙과가 생기지 않도록 해야 한다. 현재의 정책은 일자리를 가진 사람(매달려있는 과일)들을 위한 정책이다. 일자리를 늘린다고 하지만 현장에서 일자리는 점점 사라지고 있다. 일자리를 갖지 못한 사람(낙파)이 늘수록 상황은 점점 더 나빠질 것이다.

크든 작든 사업하는 사람들에게 압박이 되는 정책을 쓰지 말아야 한다. 우리와 같이 노동경직성이 강한 나라에서 사업하는 사람들에게 고용은 간단한 문제가 아니다. 일시적인 지원을 바라보고 고용을 늘릴 수는 없다. 사업하는 사람들을 압박할 것이 아니라 어려운 사람들, 가난한 노년층을 지원하는 정책으로 전환해야 한다.

소득주도성장정책이 경제성장 정책인지 분배정책인지 분명히 해야 한다. 재정 여력의 대부분을 최하위층 소득을 인위적으로 끌어올리는 데 쓰면 경제가 성장할 수 없다. 분배 프로그램이 아닌 진정한 성장 프로그램이 있어야 소득양극화도 해소할 수 있다.

과거와 달리 대기업이 답이 아니라면 선진국보다 3~4배 많은 중소 자영업으로 국가를 지탱하겠다는 것인지, 혁신 창업이 얼마나 생기고 얼마나 성공해야 대기업을 대신할 수 있는지 답을 듣고 싶다. 4차 산업혁명을 말하면서 어떤 일자리는 사라지고 어떤 일자리는 생길 것이니 어떻게 사람을 키우고 어떻게 일자리의 변환을 만들 것인지 계획을 본 적이 없다. 국가적인 인력 변환계획workforce shift plan이 있어야 한다.

통계를 탓하거나 통계를 정책 효과가 있는 것처럼 왜곡시켜서는 안된다. 그래프의 종축의 간격을 넓게 잡아 성장이 좋아 보이게 착시를 일으키던 시절도 있었다. 국가 통계는 국가 신임도가 달린 문제이다.

(18/09/07)

07

국가 경쟁력 제고를 위한 각성 있어야

세계경제포럼WEF의 국가 경쟁력 보고서에서 한국은 2007년도에 137국가 중에서 11위를 기록했다. 이후 순위가 하락해 최근 4년 동안에는 연이어 26위를 기록하며 회복될 기미를 보이지 않고 있다. 같은 기간 중국은 35위에서 27위로 올라섰다. 중국과의 격차가 줄어들며 역전될 가능성도 있다.

세계경제포럼의 경쟁력 조사는 모두 12개 분야로 구성돼 있다. 예상대로 거시경제환경(2위) 인프라(8위) 시장규모(13위)는 높은 평가를 받았다. 기업혁신(18위), 상품시장효율(24위), 고등교육훈련(25위), 기업활동(26위), 기술수용(29위), 보건 및 초등교육(28위) 등은 국가 순위와 비슷한 수준이다.

반면 제도(58위), 노동시장의 효율(73위), 금융시장성숙도(74위)는 국가 경쟁력의 발목을 잡는 분야로 지적되고 있다. 추가로 기업활동을 영위하는 데 문제가 되는 요인으로 정치의 불안정, 낮은 금융시장으로의 접근성, 정부의 관료주의에 기인한 비효율, 불충분한 혁신 역량, 노동개혁에 대한 저항, 높은 세율 등이 꼽히고 있다.

조사대상의 선정 방법과 규모 등에 문제가 있다는 지적도 있다. 하지만 등위의 정확도나 조사방법보다 외부에서 본 우리나라의 기업 환경이 점점 나빠지고 있다는 사실에 주목해야 한다. 외국인만이 아니라 내국인들의 시각으로도 사업 환경이 나빠지고 있다는 데 별 이견이 없는 듯하다.

국내에서는 공장 작업장의 폐쇄, 폐업이 늘고 있다. 반면 대통령이 삼성전자 인도공장 준공식에 방문해 국내에서도 고용을 늘려달라고 당부할 정도로 기업의 해외 진출이 늘고 있다. 벤처 투자가들도 국내투자보다 해외투자를 늘리고 있으며 심지어 똘똘한 벤처 창업은 해외에서 이루어지고 있다.

소득주도성장에 대한 비판과 함께 혁신성장이 강조되면서 각 부처가 앞다투어 혁신성장을 외치고 있다. 조달청은 혁신성장 등록 상품 기획전, 행자부는 지자체 지방규제혁신 우수사례 경진대회와 공공혁신대상, 방통위는 혁신성장 관련 해외 현장 방문, 과기정통부는 혁신성장동력 특별위원회 설치, 기재부는 혁신성장본부 설치, 산자부는 15개 차세대 성장동력 공개 등 백가쟁명百家爭鳴식이다.

창조경제의 데자뷰를 보는 듯하다. 아직도 혁신성장을 컨트롤하고, 발굴하고, 동력을 만들어야 된다고 믿는 것 같다. 이는 민간이 필요로 하는 것을 해결하는 방식이 아니다. 민간은 이미 혁신 역량이 충분히 준비되어 있고, 해외에 가지 않아도 다 알고 있다. 다만 기득권과 규제에 묶여 투자하지 못하고 혁신역량도 실현하지 못하고 있는 것이다. 기업들에게 국내에 투자하고 국내에서 고용을 늘려 달라고 부탁할 것이 아니라 기업들이 그렇게 하지 못하는 원인을 찾아 이를 제거해야 한다.

지난 정부에서 전봇대, 손톱 밑 가시로 표현되었던 규제를 가지고는 혁신을 이룰 수 없다. 그러니 해외에 투자하고 해외에서 창업을 하는 현상이 일어나고 있는 것이다. 각종 제도 속에 내포되어 있는 규제, 경직된 노동 환경, 후진적 금융에 대한 개혁이 절실하다. 지금까지 공무원과 정치인들이 법과 제도로 만들어 놓은 규제 백과사전이라도 편찬해야 한다. 제도가 58위라는 건 정치권과 공무원들이 역할을 제대로 못하고 있다는 말이다.

노동의 안정성을 강화하는 정책은 나무에 매달려 있는 과일만 잘 키우겠다는 것이다. 노동의 유연성을 키워 고용이 활발하게 일어날 수 있게 해야 한다. 더 많은 과일이 매달리게 해야 한다. 10%도 안 되는 제도권 노동자뿐 아니라 90%의 소리도 못 내는 노동자들의 삶을 챙겨야 한다. 그러기 위해서는 일자리 순환이 더 자유롭게 이루어져야 하고 대신에 사회안전망을 강화하는 데 재정의 투입을 늘려야 한다.

4차 산업혁명의 시대에 노동조건만 지속적으로 강화하면 자동화, 무인화를 재촉해 오히려 일자리는 줄 수밖에 없다. 그러고도 안 되면 사업장의 해외 이전이 늘어날 것이다. 그 피해는 고스란히 노동자들에게 또 국민들에게 돌아갈 것이다. 노동정책 당국이나 노동계가 더 유연해져야 한다.

금융산업 선진화도 시급하다. 부동산 대출을 포함해 이자에 의존하는 것이 아니라 산업, 혁신의 젖줄이 될 수 있도록 바뀌어야 한다. 과거의 금융권은 관치금융으로 정권과 유착돼 부작용을 일으켰지만 그래도 산업으로의 투자가 중요한 기능이었다. 지금은 과거보다 투명해진 대신 예대 마진과 수수료로 연명하고 있는 수준이다. 그래서 해외의 시각으로 후진적이라 평가를 받는 것이다.

국가 경쟁력 제고를 위해 정치권, 공무원, 노동계, 금융권의 특별한 각성이 필요한 시점이다.

(18/08/31)

일자리 정책이 역효과 내지 않으려면

　신세계 정용진 부회장이 일본의 마트 매출이 반 토막 난 걸 우리도 주목해야 한다고 경고했다. 미국의 대형 백화점들이 수백 개 점포를 폐쇄한 데 이어 수년 내 오프라인 매장의 4분의 1 정도가 문을 닫을 것이라는 투자은행의 보고서도 나왔다. 노동력이 넘쳐 날 것 같은 중국에서도 어느 물류유통회사가 인건비를 낮추기 위해 라벨 붙이는 로봇 100대를 도입했다고 한다.

　전 세계에서 근로자들이 근무하기 좋은 회사의 으뜸으로 꼽히는 구글은 근무조건이 좋은 데 비해 생산성이 오르지 않는 상황을 타개하기 위해 아리스토텔레스라는 연구 프로젝트를 수행하기도 했다. 소프트뱅크 같은 회사는 ARM, 보스톤 다이나믹스, 포트리스 인베스트 등 공격적인 기업인수 및 투자를 통해 미래를 대비하고 있다. 트위터 인수설까지 나오고 있다.

이렇듯 전 세계 기업 경영자들의 최대 관심은 지속가능성이다. 선대로부터 경영권을 물려받은 기업이 대부분인 우리 현실에서는 어쩌면 살아남기 위해 더 몸부림치고 있을 것이다. 개별 기업의 입장에서도 지속경영이 최대 과제이지만 정부도 기업들의 지속경영을 지원해야 한다. 기업이 지속되어야 세금도 걷고 일자리도 안정적으로 제공될 수 있기 때문이다.

공정거래위원장과 청와대 정책실장 인선이 보여주듯이 새 정부는 공정경제를 경제정책의 기본 기조로 삼고 있다. 하지만 한편으로 이해하기 어려운 일이 벌어지고 있다. 동반성장위원회는 최근 담합과 갑질로 과징금을 부과받고 고발까지 당한 기업들을 동반성장지수 우수기업으로 발표했다. 동반성장지수 평가에는 공정위의 '공정거래 협약 이행 평가' 결과도 포함돼 있다는 점에서 기업에 주는 메시지가 분명치 않다는 지적이 나오고 있다.

정부는 비정규직 정규직화, 일자리 늘리기, 최저임금 1만 원, 1주일에 최대 12시간으로 연장근로시간 제한, 불공정거래 제재 등의 정책을 추진하고 있다. 앞으로 기업에 대한 증세와 세무조사 강화도 예상되고 있다.

기업에 영향을 미칠 수 있는 이런 정책을 추진할 때는 기업이 어떻게 반응할 것인지를 잘 예측할 필요가 있다. 무조건 기업이 정부 정책에 협조하고 따라야 한다고 순진하게naive 생각할지도 모른다. 그러나 기업으로서는 생존이 달린 문제이기 때문에 예상외의 대응을 할 가능성이 있다.

예를 들어 일자리의 질을 높이기 위해 비정규직 제로화를 추진하고 있지만 이는 그리 단순한 문제가 아니다. 벌써부터 잡음이 들리고 있다. 임금 상승 부담뿐 아니라 노동시장의 유연성이 없는 상황에서 기업들의 고용에 대한 압박을 이해해야 한다. 잘나가는 기업은 이를 감당할 수 있겠지만 생존도 어려운 기업에 정규직을 강요하면 일자리는 오히려 줄어들 가능성이 높다.

비정규직을 제한하는 법이 만들어지기 전에 비정규 일자리를 줄이는 기업도 있을 것이다. 일부 대기업들은 이미 외주를 축소시키고 있다. 대기업이 정부의 협조 요청에 따르기 위해 외주업체의 일자리를 줄이는 결과를 낳고 있는 것이다.

세금도 내지 못하고 있는 대부분의 사업장에서는 종업원들의 기본권을 보장하기 위한 최저임금 인상과 연장 근로 제한에 큰 압박을 느낄 게 분명하다. 법의 시행에 대비해 생산성을 올릴 수 있다면야 다행이지만 그렇지 않다면 일부 사업의 정리, 인력구조조정 등을 검토할 수밖에 없는 것이다. 매달 월급을 줘야 하는 위치에 있는 사람들의 고충을 이해해야 한다.

비정규직보호법이 비정규직을 양산한 측면도 있다는 걸 돌아봐야 한다. 모든 법과 제도는 순기능만 있는 것이 아니라 그 원래 취지에 역행하는 결과가 나타나기도 한다. 근로자들의 삶을 개선하기 위해 약속하고 내세운 정책이 오히려 그나마 있는 일자리마저 날려 버리는 결과를 낳지 않도록 해야 한다. 개별 일자리는 개선되는 대신에 민간의 총 일자리는 오히려 줄어들 수도 있다.

(17/07/07)

VI
시국이
국민을
불편하게
한다

시국이 국민을 불편하게 한다는
원로배우의 일침

기업 경영과 개인의 삶에 영향을 미치는 법이나 정책은 정말 심사숙고深思熟考해 만들어야 하고, 만들 때에도 없앨 때에도 예측 가능해야 한다. 요즈음 조변석개朝變夕改로 국민을 혼란에 빠뜨리고 피해를 입히는 일이 너무 빈번하다. 더구나 국민이 입은 피해에 대해 누구 하나 거들떠보지도 않는다.

오죽하면 국민 아버지라고 불리는 원로배우元老俳優가 한 신문과의 인터뷰에서 '정치가 국민을 편하게 해줘야 하는데 지금 시국은 국민을 불편하게 하는 것 같다'고 했겠는가. 국민은 나라를 어디로 끌고 가는지 좀 분명하게 알았으면 하는데 모르니 불안하다고 덧붙이기도 했다.

강릉의 한 횟집 사장은 휴가철 성수기를 맞아 활어를 3억 원어치 확보해 놨는데 갑자기 '4단계 거리두기'를 발동하니 다 버리게 생겼다고 하소연이다. 코로나가 심각하기는 하지만 그래도 국민은 예측할 수 있어야 한다. '4단계 거리두기'도 형평성, 합리성, 일관성이 없는 지침이 많아 국민들이 이해하기도, 불평 없이 따르기도 힘들다.

외국에 파병된 함정의 군인 대부분이 코로나 확진되어 긴급 후송되었다 하고, 백신 예약에 변칙적으로 접근해 예약했다는 SNS에 떠도는 자랑(?)을 보고 프로그램의 오류를 인정하고 사과를 하기도 한다. 나라의 수준이 이것밖에 안 되나 싶어 서글퍼지기도 한다.

지난해 재개발을 집값상승의 원인으로 여겨 재개발을 하려면 2년간 의무 거주해야 하는 시행령을 만들었다. 이 결과로 전세를 말리는 효과가 생기고 전세가가 오히려 오르는 기현상을 자초하게 되었다. 재개발지역 주변으로 전세가 사라지는 현상을 목도한 당국은 1년 만에 2년 거주 의무를 없애버렸다. 이에 강남의 한 단지는 전세 물량이 늘어나고 전세가도 1억 정도 내렸다고 한다. 부랴부랴 집을 수리하고 이사를 한 집주인들은 피해가 막심한 것이다. 어떻게 이렇게 국민의 삶과 밀접한 정책을 추진하면서 시뮬레이션 한 번 제대로 하지 않고 뜻과 의지로만 하는지 알 수가 없다. 그야말로 파도타기로 국민들은 현기증이 날 판이다.

정부에서는 탈원전과 무관하다고 밝히고 있지만 한반도에 열섬현상이 다시 닥치고 전기 소비가 급격히 늘어나니 예비전력이 불안한 상태가 되었다. 여기저기서 정전 사태가 벌어지고 전기 비상사태를 맞아 공공기관에 에어컨 끄기를 지시하고 있다. 급기야 정비 중인 원전까지 원안위에서 부랴부랴 가동 승인을 하고 있다. 청정에너지인 원전은 위험성이 과학적으로 확증되지도 않은 상태에서 중단시켜 놓고 태양광, 풍력, 수소자동차, 소형원전. 원전수출을 대체 정책으로 내세우며 수건돌리기 하고 있는 느낌이다. 국민들은 도대체 에너지 기본정책을 알 수도 믿을 수도 없다.

삼성그룹의 주요 계열사 단체급식을 삼성웰스토리에 몰아준 부당내부거래 행위에 대해 2300억 원이 넘는 과징금을 부과했다. 규모나 품질을 책임질 수 있는 중소중견 급식업체가 없으면 대기업끼리 사업을 교환하는 방식을 택할 수도 있으나 내부거래를 통해 총수 일가에게 부를 이전하는 결과를 초래한 데 대한 벌칙인 것이다.

이에 그치지 않고 IT 서비스 발주물량의 일부도 외부에 개방하도록 요구하고 있다. IT는 급식하고 차원이 다른 문제이다. IT는 기업의 경쟁을 확보하는 핵심일 뿐 아니라 기업의 비밀스러운 정보를 많이 다루기 때문에 외부에 개방하는 것이 단순한 일이 아니다. 대기업의 외주 금액의 일부를 중소중견 기업에 발주하는 것이 상생에 도움이 된다면 일정 비율을 정하든가, 총수 일가에 이전되는 부를 차단하려면 지분 구조를 바꾸도록 유도하면 될 것이다. 사실 대기업도 클라우드를 비롯해 외부에 개방할 수 있는 부분은 스스로 늘려가고 있는 중이다. 결국 정부의 요구가 아니라 기업의 필요한 판단에 의해 결정되어야 한다.

경영의 핵심일 뿐 아니라 특히 보안의 리스크가 있는 사항을 공정이라는 잣대만으로 밀어 붙여서는 안 된다. 경우가 다르다고 할지 모르나 정부의 IT 시스템을 민간에 개방하지 못하는 것과 마찬가지이다. 오히려 정부의 IT와 통신을 좀 더 적극적으로 민간에 개방할 것을 요구한다.

지금까지 유지되어 오던 가치와 질서가 급격히 무너지고 바뀌고 또 아니면 되돌리고 하니 기업도 개인도 어지럽다. 그런 와중에 피해를 입고도 말도 못 하는 기업과 국민이 한둘이 아니다.

개인의 삶과 국가의 미래가 걸린 사항들은 충분한 분석, 검토, 시뮬레이션, 토론 등을 거친 후에 신중하게 결정하기를 바란다. 상전벽해桑田碧海의 충격도 조변석개朝變夕改의 혼돈도 국민은 혼란스럽다.

(21/07/22)

02

경륜 많은 구닥다리보다 불안한
청년 세대의 소통 방식을 택했다

한국 대기업에 근무하게 되면서 세미나, 포럼, 기자회견, 강연 등의 외부 행사에서 말할 기회가 많아졌다. 당황스러웠던 기억은 내가 말해야 할 내용을 아랫사람들이 준비해 내미는 것이었다. 내가 무슨 말을 할지, 스토리를 어떻게 전개할지 어떻게 알아서 만들었냐고 물리고 나서는 그런 관행을 없앴다.

말(스피치)한다는 것은 말하는 사람의 모든 것을 투영하는 것이다. 내용도 내용이지만 말을 전달하는 방식과 순발력에 의해서 큰 차이가 난다. 제1야당이 30대 청년을 대표로 선출했다. 국내는 물론 세계 정치 역사에도 기록될 만한 큰 사건이다. 여러 의미를 부여할 수 있지만 일련의 과정을 관찰한 바로는 말하고 토론하는 방식에서 구닥다리와 신세대를 구분할 수 있었다.

미국의 대통령들을 지켜보면서 늘 이 사람들은 어떻게 이렇게 말(스피치)을 잘할까 생각이 들었었다. 유치원 과정에서부터 자기가 발표할 주제를 스스로 정하고 나름대로 자료를 찾고 스토리라인을 꾸미는 일을 반복적으로 교육받은 결과이다.

젊은 세대는 미리 종이에 써 온 걸 보고 말하는 것으로는 진정성과 공감을 갖지 못한다. 평소에 국가에 대한 생각, 각종 현안에 대한 나름대로의 소신, 미래를 위한 구상 등을 머리와 가슴에 담아 일사천리로 뿜어낼 수 있어야 한다. 불공정을 일삼으면서 써있는 대로 공정을 읽거나, 주택·벤처·원전을 말하면서 주워들은 대로 읊는 냄새를 풍기면 국민들은 다 안다. 그들에게 식상하는 것이다. 이준석은 당대표로 선출된 이후에 당선소감을 노래 가사를 인용해 직접 썼다고 한다. 이제 우리도 '써준 대로, 각본대로'가 아니라 자신의 얘기를 자신의 스타일대로 말하면서도 연설을 잘하는 대통령을 갖고 싶다. 이 시대는 스스로 생각을 정리할 수 있고, 일상을 스스로 챙기고, 계산하지 않고 있는 그대로 할 말은 하는 사람을 원한다.

청년 당대표가 불안하다고 하나 여야 가릴 것 없이 당정청을 장악하고 있는 경륜 많다고 하는 사람들이 벌이는 일이나 의사 결정하는 걸 보면 이보다 더 나쁠 수 없지 싶다.

지도자들은 (예를 들어) 엑셀 정도는 해야 하고 시험을 보겠다고 하니 능력우선주의에 트럼피즘이라며 공격한다. 이제 우리 사회의 지도자들은 적어도 사회 구성원으로 해야 할 일들을 스스로 할 수 있어야 한다는데 달은 안 보고 손가락만 본 꼴이다. 그러니 젊은이들한테 배척당한다. 선발 방법은 이슈가 될 수 있으나 내 글을 보고 보낸 고위직 지방공무원의 하소연을 보면 이준석 대표의 말을 실감할 수 있다.

"의원(지방의원포함) 공천심사에 법안 발의 건수가 포함되어 있으니 서로 발의하려고 혈안이 되어 있어요. 국민이 아니라 자신들을 위한 법이에요. 어느 시군, 시도에서 발의했다면 시군 명칭만 바꿔 통으로 베껴 발의하지요. 자신들이 발의하고도 질문하면 대답도 못 해서 집행부가 답해주는 우스운 상황도 생겨요. 기본도 안 된 사람이 많아요. 서류(특히 회계)도 잘 못 보고요. 질의, 응답도 행정공무원이 써줘요. 돌겠어요." 이준석은 이런 상황을 말한 것이다. 모두가 아니라 기본도 안 되는 사람을 걸러야 한다는 것이다.

이제 우리 세대가 열심히 키워 온 내 딸 세대인 30대를 응원하고 희망을 걸어 보련다. 여러 분야에서 두각을 나타내는 젊은이들을 보면 세계 시장에서 경쟁해 볼 만하다. 30대가 자신들의 미래를 위해 잘못된 정치 행위와 정책들을 배격하고 자신들이 살아갈 국가의 미래를 설계하기 바란다.

우선 그들이 나서 길 위의 돌부리를 걷어 내듯이 경륜 많다는 자들에 의해 만들어진 잘못된 정책들을 바로 잡아야 한다. 나라의 곳간을 거덜 내는 정책들을 바로 잡아 곳간을 다시 채워야 할 것이며, 기업이 마음껏 활동하게 하여야 할 것이며, 국가의 경쟁력을 회복하는 길을 찾아야 할 것이며, 미래에 맞는 인재를 키우고 일자리를 만들어야 할 것이며, 국민이 갈라져 짜증스럽지 않고 행복을 느끼는 세상을 만들어야 한다.

단순히 나이에 의한 세대교체가 아니라 시대의 교체가 이루어져야 한다. 87년 체제여 이제 안녕!

(21/06/18)

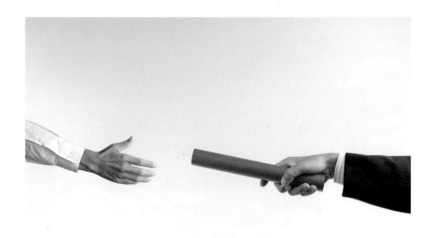

03

법 만능주의와 과잉 입법의 폐해

미국은 총기 난사 같은 턱도 없는 사건이 발생하기도 하고 불법체류자들의 처리나 인종 차별을 놓고 갈등을 빚기도 한다. 하지만 기본적으로는 생명과 인권을 중시하는 국가이다.

어디를 가나 안전사고를 방지하기 위한 엄한 조치가 이루어지며 완벽에 가까운 설비를 갖추고 있다. 도로에서는 어린이들의 교통안전을 위한 시설과 운영의 철저함을 본다. 또 장애인들의 이동권, 교육받을 권리, 보호받을 권리, 소통할 권리 등을 위한 제도에 더해 시설과 기술에 대한 투자가 돋보인다. 사실 인간의 생명과 권리를 잘 지키는 국가가 선진국이다.

최근 교통사고를 포함한 안전사고와 산업재해가 증가하면서 입법이 늘어나고 있다. 그러나 사전 예방보다 사후 처벌에 더 관심을 두고 있는 듯하다. 법 만능주의가 자리잡고 있고 균형을 상실하고 있어

실효에 의문을 갖게 한다.

아동 보호 구역에서의 교통사고를 막기 위해 보호구역 내 신호등, 과속카메라 등의 설치와 더불어 안전의무 불이행에 대해 가중처벌을 규정하는 법(민식이 법)이 제정되었다. 그러나 운전자의 의무규정이 모호하고, 어린이 당사자나 보호자의 의무 규정이 없이 운전자에게만 모든 책임을 덮어씌우는 법이 되었다. 오죽하면 어린아이들이 운전자들을 놀래키기 위해 민식이법 놀이를 한다고 한다.

사실은 운전자도 운전자이지만 보호대상인 어린아이를 도로에 내놓은 보호자도 책임을 면하기 어려운 것이다. 참고로 전동킥보드를 13세 미만이 이용하면 보호자를 처벌한다.

안전속도 5030만 해도 그렇다. 교통사고를 줄이기 위해 도시의 간선도로에서는 시속 50km, 이면도로에서는 30km로 규정한 것이다.

이면도로에서는 그렇다 치더라도 간선도로의 형편이 다 다르고 시간대에 따라 교통흐름이 다른데 일괄적으로 정한 것은 너무 편의주의적이다. 서울만 해도 강북과 강남의 도로 폭이나 교통량은 너무 차이가 난다. 시간대에 따른 차이는 말할 것도 없다. .

인공지능, 센서기술 등을 활용해 얼마든지 지역이나 시간대별로 가변적으로 운용할 수 있는 것을 시민의 편의나 국가적 부담은 아랑곳하지 않는다. 그 많은 국책연구소나 경제연구소에 의뢰해 일괄적으로 시속 10km를 줄이는 것이 국가 경제에 얼마나 부담을 지우는 일인지, 온실가스 배출은 얼마나 더 늘어나는지 연구라도 해서 결정해야 할 것이 아닌가.

연이은 산업재해로 목숨을 잃는 사건이 반복해서 발생하고 청원이 늘어나자 중대재해처벌법을 만들었다. 기본적으로 사업주와 경영책임자에게 안전조치에 대한 책임을 부과하고 이를 위반해 발생한 사고에 대해 징역 또는 벌금에 처하는 법이다.

이 법 역시 애매모호하고 균형이 어긋나 있다. 우선 안전조치에 대해 시행령으로 정한다고 하나 아직 시행령이 제대로 정해지지도 않았다. 처벌이 목적이 아니라 사고의 방지가 목적이라면 당연히 안전조치에 대한 세세한 규정이 먼저 있어야 한다. 그래야 그러한 안전조치를 통해 사고를 줄일 수 있다.

사고의 책임에 대해서도 균형상의 중대한 결함이 있다. 중대재해는 산업재해만 있는 것이 아니라 자연재해를 포함하고 있다. 기업중오법이 아니라면 국가 경영 중 발생하는 미연방지가 가능한 재해(소위 '인재')에 대한 책임은 어떻게 물을 것인지도 정해야 한다. 하청기업 내의 재해도 원청에 책임을 물으려면 국가기관 및 공공기관의 하청 업체 내 사고도 똑같이 다뤄져야 한다.

또 불행한 일이기는 하지만 차제에 개인의 안전수칙 불이행에 따른 책임도 정의되어야 한다. 모든 사고에 대해 사업주나 경영자에게만 책임을 지우는 것은 불합리할 뿐만 아니라 타당하지 않다.

벌써 안전담당 경영자가 생기고 있다고 한다. 안전조치를 강화하기보다는 처벌을 덮어쓰기 위한 자리라고 한다. 기업이 안전보다 이익에만 집중하기 때문에 재해가 늘고 있다는 시각도 아주 잘못된 것이다. 이런 비판을 하는 정치인이나 장관들에게 정부가 운영하거나 발주하는 모든 사업에 안전조치 비용을 충분히 지불했는지 묻지 않을 수 없다.

기업에만 책임을 부과하면 기업도 또 그 책임을 전가할 길을 찾기 마련이다. 사업을 축소시키든지, 자동화 속도를 높이든지, 하청을 줄이든지, 하청업체의 의무수준을 높이든지 어떤 길이라도 찾을 것이기 때문에 여러 왜곡현상이 벌어질 것이다.

이렇듯 균형감을 상실한 법들이 어떤 폐해를 일으키는지 살펴야 한다. 법의 제정에도 과잉 금지의 원칙이 적용되어야 한다.

(21/06/14)

04
테스형 세상이 왜 이래

'가왕'으로 불리는 나훈아 씨가 최근 랜선 공연을 하며 선보인 노래의 제목이다. 소크라테스에게 세상이 왜 이러냐고 하소연하듯이 호소하는 노래로 멜로디보다도 가사에 많은 사람들이 호응하는 듯하다. 아무리 고심해도 이보다 더 현 세태를 잘 설명하는 말을 떠올릴 수가 없다. 세상 돌아가는 걸 보면 어리둥절할 뿐이다.

검찰개혁을 내세운 법무부장관은 검찰총장을 찍어 내기 위한 조치들을 집요하게 진행하고 있다. 인사배제, 수사배제, 감찰, 직무정지 등 숨쉬기 힘들 정도이다. 이 과정에서 평검사, 고검장, 지검장, 심지어 법무부 소속 검사들까지 검찰총장에 대한 조치들을 철회할 것을 요구하고 나섰다. 그뿐 아니라 변협을 비롯해, 주요 시민단체, 교수, 학생들까지 법무부장관의 조치가 부당함을 천명하는 성명을 발표하고 있다.

이런 혼란 속에 침묵을 지키고 있던 대통령이 수보회의를 통해 입장을 내놨다. 직접 검찰을 언급하지는 않았지만 소속 부처나 집단이익이 아니라 공동체에 도움이 되는 방향으로 과거의 관행이나 문화로부터 탈피해야 한다고 밝히며 선공후사를 언급했다.

이 대목에서 추미애 장관이나 집권여당의 검찰총장에 대한 압박이 가슴에 손을 얹고 진정 국가와 공동체를 위한 것인지 묻지 않을수 없다. 많은 국민들은 정권을 향한 검찰의 칼을 무디게 하기 위해무리한 조치를 하고 있다고 믿고 있다.

드디어 법무부 안에 설치된 감찰위원회조차도 추미애 장관의 검찰총장에 대한 직무정지와 징계위 회부, 수사의뢰 조치 모두 부적절하다고 만장일치로 결정했다. 한편 행정법원은 윤 총장이 신청한 직무배제 명령 집행정지 신청을 받아들였다.

긴급하게 무리한 직무배제를 한 배경으로 월성원전 수사의 속도와 연관되어 있다는 분석도 있다. 감사원장은 월성원전 폐쇄 과정에범죄 성립의 개연성이 있다는데 감사위원 전원이 동의했다고 밝혔다. 탈원전 관련자료 444개를 삭제한 공무원은 누구에게 지시받았냐는 추궁에 신내림 받았다 답했다고 한다. 웃지 못할 일이다. 감사관련자료를 검찰에 보낸 것을 두고 집권여당은 감사원이 야당, 검찰과공모했다는 의혹을 제기하기도 했다. 친여 단체가 나서 감사원장을고발까지 했다.

이 와중에 부산시장 보궐선거를 앞두고 김해공항 확장 결정을 뒤집어엎고 가덕도공항 건설을 다시 끄집어냈다. 2월까지 특별법 제정을 완료하겠다고 공언하고 있다. 지난 정권의 결정을 번복할 뿐 아니라 10조 원의 예산이 들어가는 사업을 예비타당성 검토도 거치지 않을 것이라 한다.

검찰총장의 직무배제, 월성원전 폐쇄, 가덕도 공항건설 등이 어지러운 이유는 합당한 검토와 절차를 거치지 않기 때문에 일어난 일이다. 아무리 확실한 신념이 있더라도 절차를 지켜야 한다. 민주주의는 절차에 의해서 지켜진다. 이 외에도 탈원전, 최저임금, 비정규직, 선거법, 공수처 등등이 타당한 검토와 적절한 절차, 합의에 의해 결정되지 않으니 '세상이 왜 이래' 소리가 나오는 것이다.

K-방역 외치며 자만하다 독감백신 유통사고가 일어나고 코로나 백신확보도 뒤로 밀려 비판을 받고 있다. 부랴부랴 충분한 물량을 확보하고 있다고 홍보하기 바쁘다. 대통령이 '무사하고 안전하게 수능을 치러내면 K-방역의 우수성이 더욱 빛나게 될 것'이라고 트윗을 날려 수능이 K-방역 홍보 기회냐는 비난을 받고 있다. 수험생들은 향후 입시 일정에 대한 불안을 해소할 대책을 요구하고 있다.

보수단체 집회에는 코로나 이유로 차벽을 치더니 확진자 수가 더 많음에도 노동단체 집회에는 주의만 요청하는 경찰도 비난의 대상이 되고 있다.

그런가 하면 앞으로 다가올 상시적 팬데믹 상황에서의 교육에 대한 본질적 변화에 대해서는 등한시하며 재택 온라인교육만 외치고 있는 교육부를 보면 답답하다. 디지털뉴딜의 일환으로 학교 시설의 스마트화를 추진하기에 앞서 교육의 방법과 내용을 먼저 바꿔야 한다.

이 모두 살핌care과 구체성detail이 부족해 일어나는 혼란이다.

24번의 대책에도 집값, 전월세 인상과 부족을 해결 못하는 국토교통부는 또 어떤가. 주택을 빵에 비유했다가 빵투아네트라고 조롱까지 당하고 있다. 대통령은 작년 말에 부동산 문제 자신 있다, 집값 반드시 잡겠다고 했는데 시장은 반대로 움직여 역대 가장 높은 주택가격 인상과 전세 부족을 경험케 하고 있다. 시장을 무시하고 국민들보고 자신들이 설계하는 대로 살라는 오만의 결과이다.

세금 폭탄에 더해 주택의 형태, 가격, 주택 소유 구조까지 자신들이 정하려 하고 있다. 공급을 충분히 늘리겠다고 공언하더니 빵이라면 밤새 찍어내겠다고 공급 부족을 실토하고 있다. 드디어 전 정권에서 주택 사업 허가 건수가 낮아져 공급이 줄고 있다는 허위 정보까지흘리고 있다. 실제는 이 정부 들어 허가가 더 줄어들었다. 이 정부의주택 정책은 공급에는 관심이 없었다는 반증이다.

시장 가격을 무시하고 로또에 해당할 정도로 낮은 가격으로 신규주택이나 임대주택을 LH, SH 등의 공사를 통해 공급하면 받는 사람에게는 횡재가 되고 신선한 정책같이 보인다. 그러나 사업자의 적자를 키워 지속할 수 없는 정책이 되는 것이다. 실제로 공공 임대주택의 공급이 늘어나지 못하는 이유이다.

이 모두가 현장과 자본 시장의 원리를 무시하고 이념적인 접근을한 결과이다.

이 외에도 '세상이 왜 이래'라고 어리둥절하게 하는 일이 한둘이아니다.

역할도 제대로 못 챙기고도 여성이라 패싱당했다고 탓하는 외교부 장관.

시장의 불미스러운 유고로 재선거를 몇 달 앞둔 상태에서 광화문 재구조화 공사를 강행한 서울시장 대행.

이 정권 내 10개의 유니콘기업, 100대 글로벌기업, 주택분야 유니콘기업 등등 뻥튀기 하고 있는 중소벤처부장관.

확보도 안 된 코로나 백신을 북한하고 나누겠다는 통일부 장관.

한 번도 경험 못 한 나라를 보며 '세상 왜 이래' 노래에 시원하게 박수를 보내는 국민들의 목소리를 듣기 바란다.

(20/12/04)

05

사회주의적 경제관 무심코 들킨
대선주자들

"공정은 노동자에게 가야 할 인건비를 줄여 자신의 배만 채우는 기업과 기업의 모든 피고용인 사이에 지켜져야 한다.", "좀 더 배웠다고 비정규직보다 두 배 받는 게 불공정하다."

이른바 대선 주자급으로 장관까지 지낸 사람들이 한 말이다.

말은 생각으로부터 시작한다. 자신들의 사회주의적 경제관을 무심코 표출한 걸로 보인다. 어쩌면 뚜렷한 '관'도 없이 정치적인 선동의 언어를 뱉었는지도 모른다.

정말 삼성, LG 같은 기업들이 인건비를 줄여 기업의 배만 채운다고 생각하는지 이들에게 묻는다. 기업에 대해 어떻게 이렇게 적대적인 표현을 서슴지 않는지 알 수가 없다. 누구나 더 받고 싶은 욕심은 있을 수 있지만 이 회사들이 임금을 적게 준다고 생각하는 사람은 없을 것이다.

누군가는 큰 기업이 하청기업을 착취한다고 하기도 한다. 기업들의 구매는 조달청의 구매 방식과 다르다. 우리나라, 우리 지역, 우리 중소기업 제품이기 때문에 적당히 구매해 줄 수가 없다. 글로벌경쟁에서 앞서가기 위해서는 품질과 가격 면에서 세계시장에서 가장 앞서가는 협력기업 제품을 택할 수밖에 없다. 이에 맞추기 위해 글로벌 협력사들은 끊임없이 혁신해야 한다.

협력사와의 거래 조건은 정치권에서 생각하는 것처럼 이익을 따져서 결정되는 것이 아니라 그 회사 본연의 글로벌 경쟁력인 것이다. 그러니 혁신에 뒤처지는 기업은 힘들고 불만스러울 수밖에 없다.

어떤 이는 기업이 왜 더 나누지 않고 이익잉여금을 많이 쌓아 두냐고 공격한다. 그런데 잉여금은 덜 나누어 생긴 돈이 아니다. 글로벌경쟁에 앞서기 위해 끊임없이 혁신한 결실이다. 자본투자로 공장을 스마트화한 결과다. 과감한 해외 진출의 성과다.

이렇게 어렵사리 번 돈은 허투루 써버릴 수 없다. 경쟁에 처지지 않기 위해 재투자를 해야 한다. 팬데믹이나 경기침체 같은 다양한 위기에 대비해야 한다. 새로운 사업을 찾거나 인수합병M&A에도 써야 한다. 애플, 구글, 아마존과 같은 기술 거인들은 물론 치고 올라오는 중국 기업과 경쟁해 살아남으려면 탄환을 많이 비축하고 있어야 한다.

이익을 내지 못해 세금도 못 내고 국가에 부담을 주는 기업보다 잉여금을 쌓아둔 기업이 많이 나와야 한다. 어찌해서 이익을 많이 내는 회사를 비난하는지 알 수 없는 일이다.

인천국제공항 사태가 공정의 시비를 일으켰다. 어떤 이는 좋은 학벌을 가졌다고 시험을 잘 봤다고 더 받는 게 공정하냐고 말해 가뜩이나 성난 젊은이들의 가슴에 불을 질렀다. 비정규직을 정규직화하는 과정에서 나타나는 기존 직원들과의 형평성과 채용 기회의 박탈 가능성을 말하는데 번지수를 잘못 짚었다. 이런 말도 평소의 생각을 뱉은 것이리라.

기업이 학벌로 임금을 차등하는 경우는 없다. 하는 일과 역할과 능력에 따라 임금wage이 다를 뿐이다. 사실 전 세계 모든 도시, 산업, 회사규모, 일의 종류 별로 임금이 다 조사돼 있다. 결국 일자리 별로 가격이 매겨져 있는 것이다.

이 참에 획일적인 호봉제도에 의해 임금을 책정할 것이 아니라 일자리 성격에 따라 임금을 정해야 한다. 학벌이나 시험 통과 여부가 아니라 능력에 따라 임금을 차등해야 한다. 채용할 때도 일자리 별 적정 임금을 놓고 협상이 이루어져야 한다.

기회는 공정하게 하더라도 능력과 결과의 차등을 인정하는 사회가 되어야 한다. 생산성에 연동하지 않는 임금제도와 노동조건의 강화는 뜻과 다르게 노동자의 삶을 점점 어렵게 한다는 사실과 아이러니를 직시해야 한다.

(20/07/04)

06

코로나 퇴치에 급여 반납
'감성팔이'보다 '디지털 활용'을

얼떨결에 당한 911테러처럼 마치 지구 전체가 코로나 바이러스의 공격을 받아 혼란에 빠진 형국이다. 어디서 왔는지, 어떻게 막고 퇴치할지 알지도 못하는 상황에서 전 세계로 빠르게 확산되고 있다.

경제적 피해는 상상을 초월해 지난 한 달 세계증시에서 증발한 시가총액이 무려 3경 2000조 원에 달한다고 한다. 미국 경제 50% 마이너스 성장과 같은 극단적인 예측이 나오기도 한다. 여러 의심을 받으며 버텨오던 일본도 올림픽 연기를 받아들였다.

접촉을 피하는 것이 최상의 대책이라 믿은 정부는 사회적 거리 두기 캠페인으로 일상 중지를 요청했다. 일부 일탈이 없는 것은 아니지만 국민 대다수가 예방수칙을 따르며 협조한다. 이 덕분에 다른 나라와 비교해 선방하고 있다.

이번 사태를 겪으면서 가장 먼저 떠오르는 단어는 우왕좌왕이다.

입국 제한조치를 놓고 혼선을 일으켰다. 코로나가 곧 종식될 것이라고 했다가 결국 심각 단계까지 격상되었다. 마스크도 꼭 필요하다 했다가, 필요 없다고 했다. 다시 면 마스크만으로도 충분하다며 갈팡질팡이다. 마스크 공급을 놓고도 대혼란을 일으켰다. 우왕좌왕하면서 초기에 혼선을 일으키고 불안을 확산시켰다. 더구나 검사능력을 자랑하면서도 빠르게 불어나는 확진자를 감당하지 못해 거의 방치하다시피 하기도 했다.

IT 강국이라는 나라가 대처하는 방식도 아쉬움을 남긴다. 외국 금융사가 자체 바이러스 감염 분석 모델로 1만 명이 피크라고 예측했을 때 걷어찰 것이 아니라 과학적인 접근으로 예측해 대응했어야 한다. 언제까지 얼마나 확진자가 생기고 몇 명이나 치명적으로 희생될지 예측을 가지고 대응도 하고 국민들도 대비해야 할 것 아닌가. 발생하는 대로 발표만 열심히 하고 의료인들의 희생만 요구할 일이 아니다.

최근 몇몇 교수들이 개인적으로 수치예측을 내놓는 것을 보니 아쉽다. 어찌하여 공적 조직의 예측이 없는 것인지 이해할 수가 없다. 태풍이 다가오면 설사 틀리더라도 그 진로와 강도를 예측 발표함으로써 피해에 대비하기 마련이다. 4차산업혁명이라고 빅데이터를 강조하고 인공지능연구소도 만들었는데 이런 국가적인 재난 상황에서 비록 부족하나마 왜 역할을 못하는지 이해하기 어렵다.

역학조사라는 것도 그렇다. 일일이 확진자 대면 구술 조사에 의해 확진 이전의 동선을 파악하다 보니 늦어지고 뒷북을 치는 경우가 허다하다. 방문한 장소 위주로 발표해 엉뚱한 피해가 발생하기도 한다. 노출시간과 빈도, 강도를 더 치밀하게 파악하여야 한다.

비상시국답게 통신사들의 협조를 받아 확진자 위치를 추적해 활용할 수 있을 것이다. 모든 확진자들의 이동경로를 지도 위에 표시하면 마치 등고선을 그리듯이 감염구역, 감염위험지역, 청정지역 등으로 표시할 수 있다. 국민이 더욱 효율적으로 경계태세를 갖춰 가면서 일상생활을 영위할 수 있을 것이다.

중앙부처 공무원이 집단 감염되기도 하고 회의에서 확진자를 접촉한 복지부 차관까지 자가 격리에 들어갔다고 한다. 사회적 거리두기를 강조하며 일상을 거의 셧다운시키고 전 국민을 가택연금 수준으로 가두면서 TV엔 연일 온갖 회의와 현장 방문 모습이 비춰진다. 그것도 마스크를 썼다 벗었다 종잡을 수가 없다.

기왕에 대통령부터 일부러라도 IT를 적극적으로 활용하면 어떨까. 디지털트랜스포메이션이 된 사회에서 일하는 모습을 보이는 기회로 삼으면 그나마 수확이 아닐까 싶다.

재택근무하라고 지시만 할 것이 아니라 재택근무가 가능하도록 온갖 제도와 IT환경을 바꾸는 기회로 삼아야 한다. 비대면으로 일할 수 있도록 제도는 물론 영상회의, 클라우드, 모바일 기반의 채팅, 파일 및 일정공유, 보안 등이 완벽하게 갖춰진 협업툴이 갖춰져야 한다. 재택근무는 단순히 집에 머물게 하는 게 아니라 집이 홈오피스 기능을 할 수 있도록 바꾸는 것이다.

아울러 원격 진료를 필두로 의료, 교육, 금융, 행정, 유통 등에서 미래로 나가지 못하는 원인이 되는 규제도 철폐시켜야 한다. 코로나 사태 와중에 한시적으로 사회적 실험이라도 해야 한다.

셧다운으로 인해 국민이 입는 피해는 어마어마하다. 국가는 마이너스 경제성장을 걱정해야 할 판이고 재난극복을 위하여 천문학적인 돈을 투입하여야 하니 재정 또한 악화할 것이다. 짧은 기간 내에 완전 방역을 이룰 수 있다면 모를까, 이 상태로는 지속할 수 없는 것이다. 국가 경제와 국민의 삶을 담보로 모험을 하고 있는 건 아닌가 하는 우려가 들기도 한다.

국가 경제와 국민의 삶이 덜 망가지는 방안을 찾아야 한다. 감염을 완전히 차단할 수 없을 경우에 대비해 감염이 최소로 유지되며 국민이 일상생활을 유지할 방안도 마련하여야 한다. 그 하나의 길이 디지털트랜스포메이션이다. 정부와 정치권은 얼마 되지도 않는 급여 반납 같은 '감성팔이'를 할 것이 아니다. 본인들이 집행하려고 하는 수백조 원을 효율적으로 사용하고 미래를 준비하는 데 더 집중해야 한다.

(20/03/26)

VII

미래
교육을
설계
하라

교육 평준화 정책 재고해야 한다

　자율형사립고(자사고)의 일반고 전환은 문재인 정부의 정체성을 엿볼 수 있는 국정과제 중 하나이다. 이에 따라 교육부가 전국시도교육청과 공동으로 표준안을 만들어 2019년 자사고 재지정 평가를 진행했다. 평가 결과 재지정 취소 결정을 받은 전국의 10개 자사고들은 '자사고 지정 취소 처분'의 취소를 청구하는 행정소송을 제기했다.

　서울행정법원에서는 연이어 소송을 제기한 학교들의 손을 들어 줬다. 재지정 평가 기준을 이전보다 10점 올리고, 지표를 바꾼 사실을 자사고에 미리 알리지 않은 데다 5년간 소급 평가한 것이 재량권을 일탈·남용했다는 취지다. 이에 따라 교육당국이 지정을 취소한 나머지 5곳에 대해서도 같은 내용의 판결이 내려질 가능성이 높아 보인다.

　관련 판결에 대해 서울시교육감은 "행정의 영역에서 고도의 전문성에 기반한 교육청의 적법한 행정 처분이 사법부에 의해 부정당한 것"이라며 항소 방침을 밝혔다. 서울시교육청은 앞서 패소한 건에 대해서도 최근 항소를 제기했다.

교육부는 자사고가 2025년에는 일괄 일반고로 전환되도록 초·중등교육법 시행령을 개정했다. 자사고가 이번 행정소송에서 승소하더라도 2025년까지만 지위가 유지된다는 뜻이다. 교육부는 국제중도 일반중으로 일괄 전환하는 시행령 개정을 검토 중이다. 일반고 일괄 전환 대상인 자사고와 외국어고, 국제고는 이러한 개정안이 부당하다며 헌법소원을 제기한 상태다. 자사고 지정 취소와 관련해 교육청이 연이어 패소하면서 어떤 결과가 나올지 주목된다.

한국교원단체총연합회에서는 교육청에 대해 항소를 중단하고 위법 행정을 책임지라고 요구하고 있다. 교육부에도 자사고 등을 시행령으로 폐지하는 정책을 즉각 철회하라고 요구했다.

기본적으로 현정부의 교육정책은 시대착오적일 뿐 아니라 수요자의 요구를 철저히 외면하고 있어 반시장적이다. 평범한 시민도 건전하게 육성해야 하지만 4차산업혁명시대 이후의 미래를 짊어질 인재를 키워야 한다. 공공이 주도하는 보편 획일적인 교육으로는 한계를 보일 수밖에 없다. 각 분야별 수월성 교육으로 창의적 상상력과 디테일한 능력을 갖춘 인재육성이 시급하다. 공공이 보편적 교육을 책임지는 반면 민간의 뜻있는 참여자들한테 수월성 교육을 제공할 기회를 열어줘야 한다.

교육수요자 입장에서도 공공의 평준화 교육만을 강요하는 것은 받아들이기 힘들다. 최근의 동향을 보면 유아·유치원만 해도 보육 기능을 넘어 조기교육 기능이 강화되고 있다. 공공유치원을 계속 늘린다고 하지만 사설 학원 형태의 조기교육을 선호하는 부모들도 늘어나고 있다. 공공에서 제공하지 못하는 창의, 수학, 언어, 예술, 스포츠 등 다양한 교육이 이루어지고 있다. 교육 당국자들은 서울 시내 아침 시간에 거리를 메우는 노란 승합차들의 행렬을 보라.

결국 공공 주도의 보편 평준화 교육의 질도 계속 높여야 하지만 민간이 제공하는 조기·수월 교육의 기회도 늘려야 한다. 수월성 교육을 폐지시키거나 불안하게 하면서 공공 교육이 사교육을 따라가지 못하니 부모들은 사교육에 더 매달리게 된다. 최근의 새로운 동향은 초·중등학교에 혼자 떠나는 나홀로유학이 늘고 있다는 것이다. 한동안 기러기 아빠가 유행이더니 이제 아예 아이 혼자 조기 유학을 떠나고 있다. 교육 당국을 믿지 못하는 현상이다. 또 전부는 아니더라도 평균적으로 그렇게 받은 교육이 더 좋은 결과를 맺는다고 믿기 때문이다.

교육은 의무인 동시에 권리이다. 누구나 교육을 받아야 하고 교육을 받을 권리가 있다. 그러나 누구나 다 정부가 제공하는 똑같은 교육을 받는 걸 의미하지 않는다.

부모들의 무한 교육열을 막을 수 없다. 자녀가 한두 명인 시대에 더 나은 교육을 찾아 특목고, 자사고를 가든 유학을 가든 개인의 선택이다. 40~50년 전에 우리 부모들도 논밭 팔아서라도 서울이나 다른 대도시로 유학을 시켰다.

　차제에 공립과 사립을 구별해 공립을 통해 보편적 교육을 강화하고, 사립은 교육 이념에 따라 자율적으로 교육과정을 선택할 수 있도록 길을 열어줘야 한다.

　교육, 의료, 일자리, 주택, 시장 등 국민들에게 필요한 서비스를 공공이 모두 직접 제공하는 것은 역부족일 뿐 아니라 시대에 역행하는 것이다. 더 나은 교육, 더 나은 의료 서비스를 받고 더 나은 주택에 살고 더 나은 일자리를 갖기를 원하는 인간의 욕구를 인정하기 바란다.

(21/04/05)

02

코로나발 교육격차 해소 정책
'발상의 전환'을

50~60년대에는 TV 보급은 물론 제대로 된 극장도 없었다. 밤만 되면 순회하면서 학교 운동장에 막을 치고 영사기를 돌렸다. 필름이 끊겨 상영이 멈추고는 했지만 아이들은 그렇게 '두만강아 잘 있거라', '저 하늘에도 슬픔이'를 보며 애국심을 키우기도 하고 눈물바다가 되기도 했다. 순회 야외극장은 문화 격차를 줄이는 중요한 수단이었다.

10년 전 남미 에콰도르 정보통신부를 방문한 적이 있다. 이 나라는 사회주의 국가답게 동등한 인터넷 접속equal access을 헌법적 권리로 상정했다. 이를 뒷받침할 프로그램으로 아마존 지역 어린이들을 위해 특별히 고안한 버스를 구경했다. 버스 위에는 커다란 인공위성 수신 안테나를 부착하고 내부에는 긴 책상 위에 PC 10대 정도를 설치했다. 교사 한 명이 이 버스를 직접 운전하고 아마존 밀림 지역을 다니며 아이들에게 컴퓨터와 인터넷을 경험할 기회를 제공했다.

친구 조영신은 강원대학교 사범대학에서 과학교사를 양성하는 교수로서 은퇴를 하였다. 강원도 산골 아이들에게 물리실험의 기회를 주기 위해 자신이 우물실(우리가 해보는 물리 실험)이라는 프로그램을 만들어 10여 년간 주말마다 운전대를 잡았다.

그는 안식년을 맞아 미국 콜로라도를 방문했다가 그곳 교수들의 활동에 충격과 감동을 받았다. 이를 본뜬 활동이 바로 우물실이란다. 실험 기자재를 자비를 털고 주위에서 주워 모아 손수 제작했다. 허름하지만 아이들에게 물리의 경험을 주기에는 충분했다. 내 친구가 훌륭한 과학자인지는 모르지만 훌륭한 선생님이었던 건 틀림없다.

강원, 충북 등의 10여 개 군 60여 개 오지의 초등학교가 1700명의 학생들을 대상으로 자율적으로 비대면 영어 학습을 실시한다. 스마트패드(태블릿PC)에 영어 학습 콘텐츠를 담아 교육한다.

코로나19가 인류의 생활 방식을 완전히 바꿀 것 같다. 모든 활동이 소셜SNS, 온라인, 사이버, 영상에서 비대면으로 이뤄질 것이다. 이런 대전환이 일어나면 여러 형태의 격차가 심화될 터다. 문화, 정보, 교육, 경제력 격차는 물론이고 상당 기간 일상생활 부적응자들도 늘어날 것이다.

이 격차는 연령, 지역, 직업, 교육수준, 부모여건 등 여러 요인들의 영향을 받는다.

교육부총리는 교육격차를 해소할 학교운영 방식을 마련하겠다고 밝혔다. 하지만 교육부만의 과제도 아닐 뿐만 아니라 적당히 할 일도 아니다. 교육만 해도 사교육 영향력이 훨씬 더 커질 텐데 특목고나 자사고 같이, 지역마다 설립된 공적 영역의 우수 교육 기관을 없애고 있지 않은가. 문제가 있으면 고쳐야지 없애는 게 대수가 아니다. 미래를 종합적으로 바라보며 적극적으로 대처해야 한다.

사교육과 뉴미디어를 통한 교육은 기존 교육체제에 익숙한 성인들로서는 상상할 수 없을 정도다. BBC 같은 데서 만든 교육 콘텐츠가 유튜브 같은 공간을 통해 자유롭게 배포된다. 유아 단계부터 모든 영역에서 공교육 수준을 훨씬 뛰어넘는다.

이제 여러 여건의 차이와 인공지능(AI) 같은 신기술 도입으로 사교육 영향력이 더욱 커지고 개별 교육 시대로 전환할 것이다. 아직도 교육부는 획일적으로 뭘 어떻게 해 보겠다고 하는 착각에서 벗어나지 못하고 있다. 조금 더 자율에 맡기면서도 아마존의 아이들을 챙기듯 소외계층 교육에 더욱 매달려야 한다.

10년 전 스마트폰을 처음 도입했을 때 KT는 노인들을 찾아가 스마트폰 사용법을 알려주는 봉사단을 운영한 적이 있다. 그보다 10년 앞선 2000년대 초에는 초고속인터넷이 보급되자 여러 기관이 무상 인터넷 교육을 제공했다.

노년들에게 또 다시 위기가 다가왔다. 코로나19 감염 걱정뿐만 아니라 일상의 영위마저 위협을 받고 있다. 매장에 가도 자동화 기기로 주문해야 하고, 무인점포에서 스스로 결제해야 한다. 앞으로 AI와 대화를 해야 하며, 온라인으로 쇼핑을 해야 한다. 어렵기만 하다.

예상되는 차별과 소외를 해소하기 위해 개별화하고, 찾아가는 서비스를 제공해야 한다. 포스트 코로나19 시대 적응에 곤란을 겪을 도서산간 주민, 노인 등 사회 소외계층이 제도권 서비스에만 의존하게 해서는 안 된다. 과거의 운동장 영화 상영, 강원도의 주말 물리실험, 스마트폰 봉사단처럼 대상을 찾아가야 한다.

'학습지교사' 같은 방식의 공공 방문 서비스직을 만들어 소셜(SNS), 온라인, 사이버, 영상에서의 일상생활을 도와줘야 한다. '디지털 뉴딜'로 구축할 인프라 투자는 소외 지역에 집중하고 차라리 플랫폼과 콘텐츠 개발과 서비스에 박차를 가해야 한다.

자칫하다가는 외국 콘텐츠로 교육을 받고, 외국 플랫폼으로 일상을 영위하는 시대가 오지 않을까 걱정이다.

(20/08/19)

03

온라인교육 처음부터 새로 디자인하라

영상으로 개인 간의 사사로운 통신이 아닌 장시간 회의, 세미나, 교육 등을 하려면 방송 정도의 HD급으로 화질을 보장해야 한다. 화면의 질은 물론 화면이 깨지거나 끊어지지도 않아야 한다. 이런 이유로 10년 전에 시스코는 최첨단 영상회의Telepresens를 공급하면서 원활한 통신을 위해 사설망을 구축토록 하고 심지어 장비를 설치한 방의 벽면 색채와 조명까지 표준에 맞추도록 했다.

코로나19로 가장 혜택을 본 기업은 중국계 미국 기업인 줌Zoom 비디오커뮤니케이션즈이다. 전 세계가 격리 상태에서 원격으로 회의, 세미나, 교육을 하면서 각광을 받고 있다. 클라우드 기반의 서비스로서 편리하고 저렴할 뿐 아니라 운영에 신경 쓸 필요가 없으니 세계적으로 서비스 수요가 폭증한 것이다.

나스닥 상장 1년밖에 안 된 이 회사의 주가가 금년에만 두 배 가까이 뛰어 시가총액이 42조 원에 달한다. 홍콩의 부호 리커싱은 자신이 소유한 펀드를 통해 두 번에 걸쳐 442억 원을 투자해 8.6%의 지분을 확보했다. 현재 가치가 3.6조 원이나 된다.

쌍방향 영상통신은 간단한 기술이 아니다. 동시 가입자가 많아지면 그 질을 보장하는 것이 쉽지 않다. 전격적으로 전 학년 온라인 영상 수업을 한다고 발표하였을 때 큰 혼란이 생기겠구나 하는 걱정이 앞섰다. 정보통신기술ICT 담당자들이 특별한 비결을 갖고 있는 게 아니라면 교육 당국이 준비 없이 발표한 것은 무모하게 보였다.

우선 동시에 400만 명 이상이 쌍방향 영상수업을 하기 위해서는 상상도 할 수 없는 통신 트래픽을 감내해야 한다. 역사상 국내에서 이런 통신을 경험해 본 적이 없다. 동시접속이 많은 동영상 스트리밍

서비스는 단방향임에도 기술적으로 여러 어려움을 극복하며 발전해왔다.

양방향 동시접속이 많은 서비스로는 온라인 게임을 들 수 있다. 게임은 짧은 지연시간latency를 요하는 대신에 통신량은 많지 않은 특성이 있다. 반면에 쌍방향 온라인 교육은 통신량도 많을 뿐 아니라 지연시간도 짧아야 한다. 그래야 화면의 단속과 지연 현상이 생기지 않는다.

이렇듯 서비스 내용에 따라 다른 특성을 요구한다.

시범 과정에서 영상이 자꾸 끊어지는 현상이 생긴다 하니 서버를 증설하면 나아진다고 한다. 그러나 내 경험으로는 별 진전이 없을 것으로 보인다.

더구나 화질을 보장하기 위해서는 서버뿐 아니라 플랫폼 소프트웨어, 지역마다의 통신여건, 지연시간, 디바이스의 종류와 OS, 성능 모두를 최적화해야 한다. 교육 참여자에게 표준 환경을 요구할 것인지 개별 환경에 일일이 맞춰 줄 것인지도 정해야 한다. 미래 환경의 변화에도 대비해야 한다. 교육은 국가가 제공하는 가장 보편적인 서비스임도 간과해서는 안 된다. 지역, 경제력, 장애여부 등과 무관하게 동등한 교육을 받을 수 있어야 한다는 말이다.

영상교육 중 보안이 뚫려 음란물이 전송되는 사고가 생기자 미국, 대만, 독일, 싱가포르 교육당국이 줌의 사용을 금지시켰듯이 보안에 대한 대비도 필수적이다.

소규모 그룹별로 수업을 진행할 때와 전국적으로 동시에 전 학년을 대상으로 교육하는 것은 차원이 다른 문제이다. 서버 용량만 늘리는 것이 아니라 클라우드, 소프트웨어, 통신을 전문가들에 의존하여 처음부터 다시 설계하고 그에 걸맞는 투자도 해야 한다.

미래를 생각한다면 교육당국은 기술이 아니라 당장 온라인교육 콘텐츠 개발, 운영서비스, 교육자 훈련에 매달려야 한다. 미래 교육의 내용과 방법을 근본적으로 새로 디자인해야 한다.

(20/04/16)

04

'온라인 개학'을 미래 교육 환경 준비 기회로 삼기를

　교육부가 코로나19 기세가 꺾이지 않자 '온라인 개학'이라는 교육 지책을 내놨다. 확진자가 일 100명 안팎 지속적으로 발생하는 상황에서 사회적 거리두기를 멈추기 부담스러운 방역 당국의 권고에 따른 것이다.

　사실 온라인 개학은 방역 당국의 요청 말고도 학부모들의 엇갈린 요구, 학사 일정의 제약, 집단 감염 위험, 정치적인 눈치 보기 사이에서 나온 어정쩡한 결정으로 보인다. 온라인 교육을 전반적으로 시행한 적이 없다. 관련 연구개발은 물론이고 본격적인 예산을 투입해 본 적도 없다. 이런 상태에서 일괄적으로 시작하겠다고 하니 과감한 건지, 무모한 건지 이해하기 힘들다.

　온라인 교육은 결코 임시방편이 아니다. 여러모로 강점을 가진 새 교육 방식이다. 다만 많은 준비와 투자를 필요로 한다.

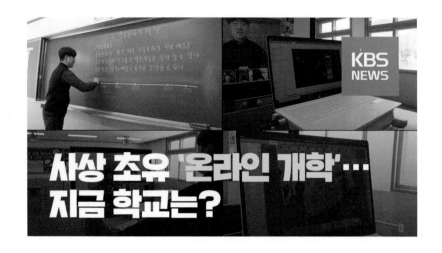

이제 정년을 1년 앞둔 한 대학교수 얘기다. 요즘 하루 네 시간을 잔다고 한다. 두 과목을 영상수업으로 한다. 자료를 세팅하고, 피드 백하고, 질문을 처리하고, 본부에 신고하느라 종전보다 시간이 서너 배는 걸린다. 본인도 서투르다 보니 끊임없이 연습하면서 적응한다.

그는 입학식도 없이 온라인으로 만난 신입생들을 보면 '짠하다'고 했다. 학생이 여럿인 집안이나 애플리케이션(앱)이 실행 안 되는 학생 들이 안쓰럽기도 하다. 컴퓨터를 사줄 수는 없고, 본인도 부족한 몇 가지 장비들을 준비하는 중이라 했다.

그런가 하면 얼마 전 정년을 맞은 교수는 이 상황에서 벗어난 것 이 감사하다며 농담을 하기도 한다. 대학이 이 정도라면 초중고 현장 에서 벌어질 아수라장은 안 봐도 뻔하다.

온라인교육을 위해 고려하고 준비할 사항이 너무 많다. 교육 당국 은 미래를 위해서라도 제대로 된 준비를 빨리 시작해야 한다. 보통

교육의 관점에서 무엇보다도 우선 소외계층, 소외지역, 장애아 등에 대한 고려가 있어야 한다.

대한민국이 인터넷강국이라고 하지만 초고속 인터넷이 연결 안 되는 산악, 해안, 도서 지역과 가정이 아직도 많다. 인프라 부족으로 클라우드나 영상회의를 원활하게 사용하지 못하는 공공기관도 아직 많다는 현실을 알아야 한다. 이에 대한 대책이 있어야 한다.

우선 인프라의 점검과 투자가 필요하다. 다음으로 국가가 제공할 온라인교육 플랫폼과 기본이 될 공통의 교육 콘텐츠를 제공해야 한다. 이 기반 위에 교사, 교수 개개인이 추가로 온라인교육 자료를 개발할 스튜디오 등의 시설도 갖춰야 한다. 특히 실험 및 기자재를 이용한 수업이 가능하도록 세밀하게 준비해야 한다. 교육은 입으로만 이루어지는 게 아니다.

교수, 교사, 그리고 학생이 활용할 디바이스와 필요한 소프트웨어 및 앱을 정하고 준비하는 일 또한 만만찮다. 경제력이 있어 이미 이를 갖춘 경우를 상정했다면 교육행정 당국은 큰 비난을 면치 못 할 것이다. 경제력이 없거나 자녀가 여럿이거나 장비가 낡은 경우, 특히 장애가 있는 경우를 대비한 특수 장비들을 어떻게 준비하겠다는 계획을 제시해야 한다.

또 무엇보다 중요한 것은 교육하는 사람(교수, 교사)의 준비이다. 적절한 훈련을 받고 온라인 교재를 준비할 수 있는 능력을 갖춘 비율이 얼마나 될 것인지 가늠할 수조차 없다. 개개인의 준비와 능력에 따라 온라인으로 교육을 시행하라고 교육당국이 일방적으로 발표만 한 것이라면 너무 무책임한 일이다. 미래에 대비하기 위해서 지금이라도 철저한 계획과 준비를 해야 한다.

전체 교육을 온라인으로 한다는 것은 엄청난 투자를 수반하는 일이다. 재난지원 대상인지 아닌지도 애매해 대상을 정하느라고 혼란을 야기할 바에야 차라리 온라인 교육을 위한 인프라, 플랫폼, 콘텐츠, 소프트웨어 및 앱, 온라인교육 기자재, 단말 등에 대대적인 투자를 하면 미래 대비라도 될 것이다.

온라인 교육은 시간과 공간을 초월해 교육을 할 수 있기에 효율적이다. 많은 사회 교육과 사이버대학이 비교적 저렴한 비용으로 교육을 할 수 있는 이유이다.

또 교육 격차를 해소할 좋은 수단이기도 하다. 세계은행과 UN같은 국제기구가 아프리카 어린이들을 위한 교육 방식으로 온라인을 연구하고 확대하는 이유이다. 좋은 교육장소와 능력 있는 교사 확보가 제한적일 수밖에 없는 현실에서 유효한 수단으로 검토된다. 우리나라도 산간벽지 학교가 비효율적이라고 통폐합만 할 것이 아니라 온라인으로 소수를 대상으로 교육 질을 높일 수 있는 대체보완 수단을 개발하여야 한다.

최근에는 물리적으로 제한된 교육장소의 한계를 넘고, 교육의 질과 다양성을 높이기 위해 온라인 교육을 시행하기도 한다. 가장 혁신적인 온라인교육 모델로 미네르바 대학을 들 수 있다.

샌프란시스코에 본교를 둔 이 대학은 2012년에 설립됐다. 8년밖에 안 됐는데 경쟁률이 100대 1로 하버드 대학보다 입학하기가 힘들다고 한다.

처음 1년은 샌프란시스코 메인 캠퍼스에서, 나머지 3년은 서울을 비롯한 세계 6대 도시에서 숙식하며 모두 온라인으로 교육한다. '액티브러닝포럼'이라는 비디오 채팅이 미네르바의 교실이다.

입학사정부터 교육 전 과정이 온라인으로 이루어진다. 온라인으로 토론하고 녹화되고 재생해 다시 볼 수 있으며 교수들은 피드백을 한다. 수업료, 숙식, 서비스 다 포함 연간 3만 달러 이하로 비용도 저렴한 편이다. 학생의 82%가 장학금을 받는다. 다양성과 창의성을 높이는 교육으로 평가를 받는다.

코로나19 사태로 얼떨결에 '온라인 개학'을 맞이했다. 준비 없이 시작했지만 이제라도 미래 온라인교육 환경을 준비하는 계기로 삼는다면 교육 현장의 혼란도 나중에 돌이켜보면 수업료가 될 수 있을 것이다.

(20/04/03)

05

교육부는 마이크로소프트 CEO를 보라

마이크로소프트MS는 90년대 초 PC의 대중적 보급과 함께 윈도 운영체제OS를 전 세계에 독점 공급하면서 IT 업계 왕좌의 자리를 굳건히 지켜왔다. 그러나 빌 게이츠의 퇴장과 스티브 발머의 한계로 애플, 페이스북, 구글 등 새로운 IT 혁신 기업들이 시가총액 1조 원을 향해 가고 있을 때 MS는 힘을 잃고 있었다. 혁신성을 잃고 이미 관료화된 조직으로 변한 것이다.

반전은 전망과 달리 외부의 명망가가 아니라 20년 가까이 MS에서 일한 사티아 나델라가 3대 CEO로 발탁되며 시작한다. 4년 만에 시가총액을 3배 이상 띄우며 제2의 전성기를 맞았다.

그는 타임지에 의해 세계에서 가장 영향력 있는 100인에 선정됐다. 사회를 향한 목소리도 적극적으로 내면서 주목을 받기도 했다. 트럼프의 반 이민정책이나 배넌 같은 보좌진들의 백인우월주의를 통렬히 비판했다. 인종차별주의자들의 폭동이 일어나자 다양성과 포용성을 지지한다고 강조하며, 미국을 존경, 공감, 기회가 있는 사회로 만들어야 한다고 말했다.

그는 기존의 천재형 경영자들과 다른 행보를 보인다. 관료화된 조직에 개인 경쟁보다 팀워크를 강조하고 초심으로 돌아가 다 같이 공부하는 풍토를 만들었다. 바깥으로는 경쟁적으로 독점적인 위치를 고집하던 기존 전략을 버리고 산업계 안에서 협업하는 파트너 전략으로 바꿨다. MS 클라우드에 리눅스 오픈 소스를 택한 것이 대표적인 예이다.

이 전략은 MS클라우드 활동 영역을 넓혔다. MS가 늦게 출발했음에도 아마존에 이어 클라우드의 2위 자리를 지키게 한 중요한 결정이다.

그는 실적보다 다양성을 위한 활동이나 행동들을 평가 항목에 포함했다. 다양성과 존중하는 문화를 단순히 말로만 강조만 하는 것이 아니라 MS의 새로운 핵심 가치로 자리 잡게 했다.

사실 사티아는 공감 능력이 없다는 평가를 받던 사람이다. 그는 입사 면접 때 "길에서 우는 아이를 보면 어떻게 하겠냐"는 질문을 받고 "911에 연락한다"고 답했다고 한다. "달려가 안아 준다"고 했어야 했다. 이랬던 그가 세 아이 중 첫째가 선천적 뇌성마비를 앓게 되면서 공감의 가치를 터득하게 되었다고 한다.

그는 소셜미디어 활동이 왕성해 팔로워가 수백만이나 되는 부사장을 지명해 세계를 돌게 했다. 고객의 목소리도 적극적으로 듣기 위해서다. 소통한 고객 요구를 회사 정책과 서비스에 반영했다.

사티아 나델라는 공부를 잘해 유명학교를 나왔거나 빌 게이츠나 스티브 잡스 같은 천재형 인물은 아니다. 인도의 공대를 나와 미국으로 이민을 가 평범한 대학을 나왔고, 평범한 직장 생활을 했다.

다만 기존의 틀과 문화를 바꾸고 실천할 혁신적 사고와 행동력이 남달랐다. 다양성과 존중의 가치를 숭배(?)했다. 경쟁보다 협력을 추구했다. 또한 엄청난 독서를 한다고 알려졌다.

그는 대한민국이 교육을 시켜야 할 '미래형 인재'의 모습이다. 대한민국 교육 당국이 깊게 고민해야 할 대목이다.

교육부가 전격적으로 2025년까지 외고, 자사고, 국제고를 일괄 일반고로 전환한다고 발표했다. 서열화를 해체하고 공정한 교육환경을 위해 일반고의 틀에서 교육을 시키겠다는 취지다. 일반고 내에서 교과 특성화를 강화하고 교육환경 혁신을 위해 2조2000억, 또 일반고 전환을 위해 1조 원을 투입한다고 한다. 학교 리모델링, 무선망 구축, 인공지능 융합형 교사 육성, 온라인 교육과정 개발 계획도 밝혔다. 뜯어보면 철학의 변화 없이 겉모습만 바꾸려 한다.

우선 미래 교육에 대한 충분한 토론과 합의가 없다. 이른바 '조국 사태'로 벌어진 공정성 시비를 불식시키기 위해 학교 형태, 입시 전형 방법 등 껍데기만 바꾼다는 논란을 불러 일으켰다.

'합법적 제도 속 불공정'이 일어났다고 특목고나 자사고를 없애고 정시를 늘리려 한다.

청년들과 학부모가 화가 난 것은 학교 제도나 입시 방법이 아니다. 성적이 나쁘고 가정 형편까지 좋은데 장학금을 계속 받았다든지, 부모 덕분에 더욱 쉽게 스펙 쌓기를 했다든지, 부당한 방법으로 논문 저자에 올리고 표창장을 발급받은 부도덕과 불법적 행위는 제도와 아무런 관계가 없다. 대부분의 학생과 학부모는 이런 불공정 행위와 무관하다.

또 학교가 서열화되었다고 하나 사실 특목고가 생긴 배경은 특정 지역의 사교육이 극심해 지역별 차등화가 심해지는 걸 공교육의 틀 안으로 끌어들이기 위해 시작한 것이다. 이번 결정으로 그 틀 안에서 나름 사학 이념을 세우고 사재를 털어 교육을 해온 교육사업자들은 하루아침에 공교육으로 학교를 넘기는 위기에 처했다.

수월성, 다양성을 추구하면서 사교육의 폐해를 줄이려고 수십 년 동안 유지해 온 교육의 틀을 시행령 하나로 바꾼다는 것은 맞고 틀리고를 떠나 그 결정 방식이 위헌적이며 독재적이다. 이후 헌법소원, 집권 남용과 같은 다툼의 여지가 있다.

지금 대한민국은 4차산업혁명시대를 향해 간다. 우리나라의 미래를 설계하고 이에 걸맞는 미래 인재를 어떻게 양성할지 고민할 때다. 이러한 인재를 어떻게 키울 것인지 청사진부터 먼저 내놓는 것이 순서 아닌가. 그런 다음에 학교를 뜯어고치든, 교과과정을 바꾸든, 입시제도를 바꾸든 해야 할 것이다.

미국 대입제도는 곧잘 불합리하다는 비판을 받는다. 명문대 입학 경쟁은 우리보다 훨씬 더 치열하다. 미국 부자들도 자식을 좋은 대학에 보내려고 온갖 수단을 다 동원한다.

그렇지만 미국 대입 제도는 긍정적인 게 더 많다. 대학마다 다양한 방법으로 입학생을 발탁한다. 한편 가난하지만 우수한 학생에게는 풍부한 장학 기금으로 학업 기회를 제공한다.

명문대를 나오지 않았더라도 실력과 잠재력을 입증하면 취업문이 열려있다. 승진 기회도 있다. 이민자 출신 사티아 나델라야말로 이 과정을 거쳐 초일류기업의 CEO 자리까지 올랐다. 이런 인물이 미국에서는 끊임없이 나온다.

교육 당국에 묻지 않을 수 없다. 특목고를 폐지하고 정시를 늘리는 것이 진정 공정을 향한 것인지, 또 나델라 같은 인재를 키우는 길인지.

(19/11/12)

06

교육부는 교육 격차 해소에 나서라

정보통신 분야에서 가장 혁신적인 제품으로 미국에 아이폰이 있다면 40년 전 프랑스에는 미니텔minitel이 있었다. TGV와 함께 프랑스인들이 가장 자랑하는 기술로 꼽히기도 한다.

미니텔은 인터넷이 일반화되기 십 수 년 전, 개인용 컴퓨터PC도 희귀품이던 1980년대 초반 국영 프랑스텔레콤(현 오랑주)이 전화와 정보기술을 결합해 도입한 문자 기반의 통신서비스이다.

9인치 흑백 스크린과 키보드로 구성된 이 기기는 '작은 프랑스 상자Little French Box'라는 애칭으로 불리며 프랑스인들로부터 큰 사랑을 받았다. 1982년에 시작된 서비스는 2012년에 종료되었다. 프랑스인들은 이 서비스와 작별하며 무척 아쉬워했다는데 마치 우리나라에서 '싸이월드'를 추억하는 것과 유사하다.

프랑스 국민들은 각 가정에 무료로 보급된 이 기기를 처음에 '전자

전화번호부' 정도로 활용하다 이후 시험결과확인, 대학지원, 열차예약, 날씨확인, 채팅 등으로 점점 용도를 넓혀 나갔다. 성인 온라인 채팅의 원조 격인 '미니텔 로즈'는 가장 높은 인기를 구가한 서비스였다. 미니텔은 오늘날 스마트폰의 앱 생태계와 유사한 기능을 구현한 서비스이다.

프랑스 작가 발레리는 미니텔이 "프랑스가 미국이나 다른 외부세계 모델을 쳐다보기보다는 새로운 아이디어를 개발하고, 우리 자신의 목소리를 만들고 싶어 했던 시절의 향수鄕愁"를 담고 있다고 말했다.

다가올 정보화 시대를 예견한 프랑스 정부가 자국민이 정보 서비스를 편리하게 이용할 수 있도록 적극 추진한 국책 사업이었던 미니텔 서비스를 기반으로 많은 창업이 이루어지고 일자리가 생기며 새로운 부호도 등장했다.

이보다 조금 앞선 시기에 애플은 애플-2라는 개인용 PC를 개발했다. 또 비슷한 시기에 우리나라에서는 애플의 복제 수준이기는 했지만 교육용 PC 5000대 개발 및 보급 프로젝트가 국가 주도로 시행되었다. 인터넷이 본격적으로 일반화되기 이전에 정보통신 서비스가 꿈틀대던 시기였던 것이다.

프랑스 정부가 애플이나 우리정부와 달리 40년 전에 이미 하드웨어의 개발이 아니라 전 국민을 대상으로 한 정보화 서비스를 착안했다는 사실이 놀랍다.

미니텔에 대해 장황하게 소개한 이유는 40년 전에 프랑스 정부가 했던 발상을 우리 교육 당국에 제안하기 위함이다.

교육부는 코로나가 가져다준 가장 큰 임팩트impact는 경제적 충격과 더불어 교육 격차라는 사실을 인식해야 한다. 미취학이나 저학년 아동들이 더 심각하다. 코로나로 유치원이나 학교에서 교육이 제대로 이루어지지 않으니 가정환경에 따라 심각하게 격차가 생기는 것이다.

빈익빈부익부 현상이 교육에서 나타나고 있다. 가정환경이 열악한 아동들은 거의 방기되고 있는 게 아닌가 싶다. 가정환경도 파악이 안 되거나 준비도 안 된 상태에서 화상으로 교육을 한다 하니 답답한 노릇이다. 반면에 경제력이나 부모의 교육 수준이 높은 가정에서는 코로나로 인한 교육 부족을 메워주기 위해 온갖 수단을 동원하고 있다.

스마트 TV의 유튜브를 통해 BBC, 내셔널지오그래픽 등에서 만든 다양한 분야의 교육 콘텐츠를 본다. 패드나 노트북으로는 화상 수업을 하거나 독서 평가를 받는다. 또 스마트폰으로는 필요한 정보를 찾고, 영어 발음을 듣고, AI로 필요한 정보를 물어 보기도 한다.

교육 당국은 더 이상 가정환경의 차이가 교육 격차로 나타나는 것을 방치해서는 안 된다. 뉴딜의 일환으로 기껏 학교 시설을 보완하는 수준에 머물지 말아야 한다. 40년 전에 개인용PC는 물론 인터넷도 일반화되지 않았던 시절에 전 국민 정보화를 위해 프랑스 정부가 미니텔 개발 및 전 국민 대상 무상 보급에 나섰던 것처럼 교육부가 크게 역할을 해야 한다.

위드with 코로나 시대를 극복하기 위한 플랫폼, 교육기관의 시설, 개인용 기기, 콘텐츠 개발과 보급에 혁신적이어야 한다. 교육부 혼자 계획을 세우고 예산을 집행할 일이 아니다. 교육부, 과기정통부, 통신사, 기기제조사, 소프트웨어회사 등이 다 함께 국가적 역량을 총집결한 대안을 마련해야 한다. 40년 전 프랑스의 미니텔에서 영감을 좀 얻기 바란다.

(20/02/15)

VIII

공공의
역할을
지켜라

01

공공 음식배달서비스 가당치 않다

배달하면 떠오르는 게 중국집 철가방이다. 그래서 시골의 중국집
도 배달원 한두 명을 고용해야 했다. 그러던 것이 플랫폼을 구축하고
배달라이더를 고용해 주문배달을 대행하는 업체가 생기며 철가방이
사라졌다.

소규모 음식점들이 이 대행수수료 때문에 어렵다고 하니 공공이
나선다고 한다. 배달앱이라고 부르는데 정확히 표현하면 공공이 음
식물 배달서비스에 참여하겠다는 것이다. 자영업자의 고통을 해소
시켜 준다는 정치적인 슬로건으로 시행된 '제로페이'와 마찬가지로
타당하지 않다.

배달수수료 때문에 어렵다는데 따져 볼 일이다. 배달주문 서비스
를 이용하면 배달원의 직고용, 홀서빙비용, 매장의 공간비용을 발생
시키지 않는다. 코로나와 배달의 증가로 수수료가 부담이 될 정도이

면, 배달 중심으로 비용을 전환Cost transformation시켰어야 하는데 기존 매장 중심의 비용 구조를 그대로 놔둔 채 배달서비스 비용이 늘어나니 부담이 되는 것이다.

우선 공공서비스는 카드수수료나 배달수수료가 '제로'라고 하지만 이는 '위선'이다. 발생하는 비용을 당사자에게 청구하지 않을 뿐이다. 더구나 구매자와 판매자가 제삼자에게 제공받는 서비스의 대가를 세금으로 치르고 있다. 비싸든 싸든 당사자들이 조정하고 해결해야 할 비용을 엉뚱하게 전 국민에게 전가한 꼴이다. 지자체장들은 앞다투어 서비스를 도입하면서 자영업자에게 무료라는 것만 강조할 뿐 구체적으로 예산이 얼마나 투입되는지도 언급하지 않는다.

서비스료 과다에 대한 논쟁은 있을 수 있지만 민간이 그 서비스를 최적화Optimization 시키기 위해 동원하고 있는 기술들과 전문가들의 노력을 간과하고 있다. 공공이 더 서비스를 잘할 수 있다고 생각했다면 무모하고 무지하기 짝이 없다. 더구나 앱, 플랫폼, 서비스는 지속적으로 진화하는 것이어서 공공이 경쟁적으로 지속 발전시키는 데에는 한계가 있을 수 밖에 없다. 이미 음식물 배달도 자율로봇까지 등장해 로봇 스스로 엘리베이터를 타고 내리는 단계에 이르고 있다. 이 분야도 국제 경쟁이 치열한 분야가 되고 있는 것이다.

행정안전부의 '2018년 공공 앱 성과측정'에 따르더라도 지자체가 개발 운영 중인 372개의 앱 중 64%인 240개가 개선·폐지 권고를 받았다. 중앙까지 합치면 2017년부터 매년 130개 이상의 앱이 폐기되고 있다. 큰소리치며 출발한 '제로페이'도 자신들의 목표대비 1%, 전체 신용체크카드 사용대비 0.007% 밖에 달성하지 못하고 있다. 민간의 노력과 역량을 만만하게 보아서는 안 될 뿐 아니라 민간이 개척하고 잘하고 있는 사업을 공공이 진입하는 것도 있을 수 없는 일이다.

소상공인들이 지불하는 서비스료가 과하다고 생각하면 조정에 나서든지, 차라리 서비스의 개발운영에 들어가는 비용으로 소상공인들에게 지원금을 나누어 주는 것이 낫다.

사업의 구조에 대해서도 면밀히 살펴야 한다. 수수료 때문에 불만이 터져 나왔다 하더라도 대부분의 음식점과 소비자들이 공공서비스를 선택하고자 마음먹고 이를 사용하는 것은 저절로 되는 일이 아니다. 앱을 개발하고 서비스를 개시하였다 하더라도 만족스럽게 서비스가 유지되기 위해서는 엄청난 노력과 시간과 비용이 들어간다.

음식점으로서도 수수료가 부담스럽다 하지만 직접 배달하기 위해 배달맨들을 고용하고 직접 광고하던 때도 생각해야 한다. 사실 배달업체의 수수료 인상에 모든 탓을 돌리지만 현 문제는 배달맨들의 인건비를 비롯해 모든 물가가 올라가고 있는 현실에 기인한 것이다. 직접 배달하든 공공에서 배달하든 그만큼의 비용이 들어간다는 말이다.

수수료 체계를 바꿔 문제의 발단이 된 '배달의민족'이 엄청나게 소

상공인을 착취(?)하는 것처럼 인식되어 정부가 공공서비스를 시작하겠다고 했을 것이다. 그러나 이 회사의 2019년 손익계산서를 들여다보면 적자상

태이다. 5600억 원 매출 중에 지불하는 수수료가 2800억 원(배달라이더 인건비로 추정)이고 광고 및 판촉비가 1200억 원이나 된다. 그러니 인건비를 포함한 일반관리비를 빼면 남는 게 없는 것이다. 다만 미래의 가치를 인정해 독일 기업이 회사의 가치를 5조 원으로 산정한 것이다.

또한 판매자, 서비스 제공자가 아니라 상품 구매자 중심이어야 한다. 음식점을 거리 순으로 노출하는 것을 공공성으로 내세우고 있다. 역시 이는 공급자 중심 마인드이다. 이런 사고로는 서비스를 개시해도 궁극적으로 소비자들에게 선택 받지 못할 것이며 민간업체와 경쟁할 수도 없다. 소비자는 인기가 많은 음식점이 먼저 노출되기를 원한다. 당연히 수수료를 많이 내는 음식점들이다. 수수료를 많이 내기 때문에 앞에 노출된 것이 아니라 소비자들의 선택을 많이 받기 때문에 배달 수수료도 올라간 것이고 앞에 노출된 것이다.

민간 영역 간의 갈등과 잡음이 있는 틈을 타 공공이 직접 민간이 하고 있는 사업에 진입하겠다고 하는 것은 다분히 정치적이며 사회주의적 발상이다. 더 잘할 수도 없을 뿐 아니라 국고만 낭비하게 될 것이다. 궁극적으로는 누구에게도 도움이 안 되는 일이다.

민간이 창의를 통해 성공을 거두고, 국가는 그 성공을 기반으로 세금을 거둬 뒤처지는 계층을 지원하는 구조를 만들어야 한다. 공공이 민간과 경쟁해서는 이길 수 없다.

(20/10/27)

02
국가는 IT 프로젝트가 아니라
생태계 구축에 매달려야

2003년 2월 취임한 노무현 대통령은 삼성의 스타 경영자인 진대제를 불러 정통부 장관에 앉혔다. 국가의 미래 먹거리를 찾는 일을 맡긴 것이다. 삼성 사장 자리에 있으면서 장관 임명장을 받았다고 하니 얼마나 전격적으로 발탁이 이루어졌는지 알 수 있다. 대기업의 경영자 발탁도 마다하지 않는 노 대통령은 국가의 목표를 달성하는 데 꽤 실리적인 사람이었던 것 같다. 운동권, 시민사회, 노동계에 머무르는 현 정부와 대비되는 대목이다.

진대제는 기존 정치권, 운동권에서 보아 오던 사람들과는 꽤 다른 인상을 남겼던 것 같다. 당시 진대제 장관의 파워포인트를 서로 구하려 한다는 소문이 돌기도 했을 정도다. 곧 정보통신 육성정책을 'IT839 정책'으로 발표했다. 8가지의 서비스, 3대 핵심 인프라 구축, 9대 신성장동력을 발굴해 2007년에는 연간 생산 380조 원을 달성한다는 것이었다. 각 과제별 PM(주책임관) 제도도 만들었다. 이 PM제도는 현재까지도 이어져 온다.

역시 세계적인 기업에서 일하던 최고의 인재라 정책을 포장하고 설득하고 추진하는 능력이 남달랐던 것 같다. 주요 권력 부처가 아니면서도 대통령을 측근 보좌하면서 참여정부 최장수 장관으로 기록되기도 했다.

미래 정보통신 산업을 조망한 정책에는 동의하면서도 나는 여러 칼럼을 통해 'IT839 정책' 추진 과정을 비판했었다. 지금 돌아봐도 똑같은 지적을 할 수밖에 없다.

우선 정부가 기업이 해야 할 일을 빼앗아서는 안 된다는 생각이었다. 그래서 삼성이 택해야 할 정책이 국가정책이 되어서는 안 된다고 쓰기도 했다. 국가가 앞서 끌고 가야 한다는 60~70년대의 발상의 결과로 지금까지도 그 풍토가 이어져 온다.

기업은 독보적인 무언가를 만들어내고 그걸 보고 투자자가 모여야 하는데 잘못된 정책으로 거꾸로 가는 것이다. 국가가 프로젝트를 수립하고 거기에 돈을 태우면 기업은 자신들의 핵심역량을 키우기보다 돈을 좇기 마련이다. 정부가 벤처 창업을 그렇게 많이 강조하고 돈을 아무리 많이 뿌려도 세계를 흔들 기업이 나오지 않는 이유이다.

지금도 청년 창업자들이 자신들의 기술과 비즈니스 모델로 무언가를 만들어 내 투자자들을 모으는 게 아니라 정부의 과제를 따내는 데 집중한다. 과제가 끝나면 돈이 떨어지니 또 다른 과제에 매달린다. 그야말로 약간의 정책자금을 좇아 우왕좌왕하는 것이다. 반면에 대기업에 버금가는 네이버, 카카오, 쿠팡, 배민 등은 하나같이 정부가 추진해온 프로젝트와는 상관없이 성장해 온 기업들이다.

정부는 지금이라도 프로젝트를 직접 끌고 가는 방식을 멈춰야 한다. 민간 창의가 융성할 수 있는 생태계를 만드는 데 집중하여야 한다. 법, 제도, 규제, 금융, 세제, 인력개발 등을 시대에 맞게 바꾸는 일에 매달려야 한다.

이어진 정권에서 정통부가 해체되었음에도 지금까지도 국가 주도의 개발 방식은 바뀌지 않았다. 매년 수조 원을 정부 주도 프로젝트에 투입할 것이 아니다. 국부펀드를 만들어서라도 능력 있는 기업에 투자(지원이나 융자가 아닌)하는 방식으로 틀을 바꿔야 한다.

그 즈음에는 자주에 대한 인식이 커지며 한미 간에 군사, 외교 분야에서 갈등의 싹이 트기 시작한 시점이다. 정보통신 분야의 정책에 대해 미국대표부USTR가 이의를 제기했다. 이통사가 공동 사용할 수 있는 한국형 무선 인터넷 플랫폼(위피: WIPI)을 표준으로 채택함으로써 외국 단말의 국내 진출을 가로막는 결과를 초래했기 때문이다. 또 휴대인터넷 주파수를 할당하면서 국내에서 개발한 기술만 적용할 수 있는 규격을 포함시킴으로써 역시 시장 장벽으로 작용한다는 이의를 제기했다. 2008년도에 아이폰을 도입하면서 표준채택 의무가 해지돼 해결됐다.

이 시기에 우리기술, 원천기술이 유난히 강조되었다. 의도는 그럴듯하지만 돌이켜보면 내 시장은 우리기술로 굳건히 지키며 해외시장을 개척하겠다고 하니 애초에 성공하기 힘든 전략인 것이다.

항상 세계의 흐름을 받아들이고 그 안에서 실력을 쌓고 경쟁해야 우리의 몫이 생기기 마련이다. 우리 시장을 갈라파고스로 만들 것이 아니라 세계 시장에서 동등하게 경쟁할 수 있는 기술력과 마케팅 능력을 겸비해야 하는 것이다.

세계시장을 이끌고 나갈 능력은 하루아침에 의지만 가지고 생기지 않는다. 배 아파도 할 수 없는 일이다. 그래서 나는 그 당시에 2대 주주론을 주장하기도 했다. 전 세계에서 개발되고 있는 기술들에 조기 투자해 2대주주가 됨으로써 원천기술 개발에 참여하고 그 위에 특허 풀을 늘릴 수 있다고 주장했던 것이다.

제조기술이 아니라 원천기술은 수학, 물리 같은 기초과학을 기초로 한다. 미국뿐 아니라 인도, 이스라엘, 러시아를 비롯한 동구권의 인재들이 두각을 보이는 현실의 벽을 실감하고 해결책으로 제시했던 전략이었다.

이제 정부 주도의 개발 관행을 버려야 한다. 세계 시장을 보고 진출도 하고 해외 인재들을 끌어들일 수 있는 생태계를 구축해야 한다. 우리 것만 주장하다가 시장은 갈라파고스가 되고 세계시장 진출의 길은 멀어진다. 또 IT를 제조업 마인드로 산업으로만 볼 것이 아니라 IT를 기반으로 한 미래 사회를 상상하고 대비해야 한다.

(20/06/08)

03

'한국형 디지털 뉴딜' 반드시 이것만은

코로나19로 인해 정상적인 활동이 멈춰서고 수개월째 '집콕'이 강요됐다. 그 결과 대공황에 버금가는 경기 침체와 실업에 대한 공포가 확산됐다. 급기야 미국을 필두로 세계 모든 나라가 뉴딜을 한다며 어마어마한 돈을 퍼붓기 시작했다. 우리나라도 100조 이상의 예산을 투입할 기세다.

사실 IMF 이후 매 정부마다 '한국형 뉴딜', '그린 뉴딜', '스마트 뉴딜'이라는 이름으로 뉴딜정책을 펼쳐왔다. 침체된 경제를 회복하고 일자리를 창출한다는 것이 일관된 목표였다. 그런데 돈을 쓴 흔적은 있는데 경제나 일자리가 나아졌다는 기록은 안 보인다.

뉴딜을 위한 정책들을 발굴함에 있어 지켜야 할 조건이 있다. 국가가 큰돈을 투입하기 전에 기업이 나서서 투자하고 일자리 늘릴 수 있는 길부터 먼저 열어야 한다. 선거 때만 되면 통신 요금을 낮추겠다고 달려들던 정부와 정치권이 뉴딜로 5G 인프라를 구축한다고 하니 이해하기 어렵다. 더구나 5G를 구축하기 위해서는 5G 이전에 도서산간 지역까지 초고속 광통신망을 구축해야 한다. 평소에 통신사목을 조이니 통신사가 앞장서 수익성이 없는 소외지역까지 인프라를 구축할 여유가 없는 것이다. 돈을 투입하기 전에 기업활동을 옥죄는 것들을 제거시키는 특단의 조치들을 우선해야 한다.

돈을 잘게 쪼개어 아무 대가 없이 나누어주는 방식은 최소화해야한다. 더구나 복지 지원이 아니므로 일에 대한 대가로 지불하는 방식을 취해야 한다. IMF 직후에 무직 청년들에게 행정 데이터를 입력하는 작업을 시킨 사례가 있다.

평상시에 할 수 없던 일을 이런 특수 상황에서 추진해 볼 수 있다. 원격교육, 원격의료, 영리 의료법인, 의료정보 공유 등이 그런 것들이다. 마치 인권침해를 이유로 평상시 같으면 할 수 없던 공항의 여러 보안시스템이 911 테러 후에 자연스럽게 받아들여지는 것과 같은 이치다.

'뉴노멀'로 다가오는 세상을 거스르는 일을 하지 말아야 한다. 100년 이상의 전통을 가진 유통업체들도 파산하는 시대인데, 정부가 나서 전통 시장을 살리겠다고 돈을 투입하는 것은 시대 역행적이다. 무작정 살리는 게 아니라 퇴로를 열거나 전환하는 길을 택해야 한다.

국가가 큰 빚을 내서 이 난국을 극복하기 위해 돈을 쓰는 거라면 미래지향적이어야 한다. 1930년대에 건설된 후버댐이 대표적인 모델이 될 수 있다. 콜로라도 강 상류의 홍수와 가뭄을 해결함과 동시에 캘리포니아 농업이 후버댐에 의존하게 되었다. 대공황 타개를 위해 2만 명 이상의 인력이 동원되는 대역사를 결정한 것이다. 후버댐은 그랜드캐넌으로 향하는 길목에 주요 관광지가 되었을 뿐 아니라 라스베이거스라는 도시가 성장한 배경이다.

미래 교육, 의료 등을 위한 인프라, 저소득층 주거의 획기적 개선, 보호 대상 노인들을 위한 시니어 홈, 청년들을 위한 신개념의 주택, 한계 산업 구조 조정과 신사업 육성, 대대적 국부펀드 조성 등 누적된 현재의 문제를 해결하면서 미래를 열기 위한 투자를 하여야 한다.

디지털 트랜스포메이션을 대비하여야 한다. 주요 도시 전체를 가상현실VR로 실제 도시와 쌍(디지털트윈: Digital twin)을 만든 '디지털 도시'를 생각할 수 있다. 증강현실AR을 비롯한 IT와 결합시켜 도시 운영은 물론 다양한 민간 서비스를 발달시킬 수 있다. 몇 개 도시에서 이미 시범적으로 개발하고 있는 것을 전국으로 확산하는 것이다. 이에 더해 주요 건축 및 구조물들의 내부, 지하까지 가상화시켜 놓으면 미래의 엄청난 디지털 자산이 될 수 있다

특히, 대규모의 실업사태를 극복하기 위해 일자리효과가 큰 방향을 택해야 한다. 공공에서 건설하는 아파트들은 소유 개념이 아닌 서

비스형으로 지어야 한다. 다양한 커뮤니티 공간을 서비스하기 위해
서는 경비원뿐만 아니라 훨씬 많은 이들이 필요하므로 고용효과가
높다.

그렇고 그런 수많은 사업들에 '나눠먹기식'으로 분배하는 방식이
아니라 위에 언급한 조건과 방향에 부합하는 확실한 사업을 몇 개를
발굴해 자원을 집중해야 한다. 빠르게 변하고 있는 시대를 상상하기
위해 민간의 전문가들과 치열한 토론을 거쳐야 한다.

(20/05/20)

04
시대의 변화와 국가의 규모에 걸맞는 정책이 아쉽다

초고속인터넷, 이동통신망을 구축하고 인터넷과 모바일 기반의 여러 사업과 서비스들이 자리 잡으면서 대한민국은 IT 강국으로 불리고 있다. 그러나 대한민국 정보통신 역사에서 가장 큰 변곡점은 그 이전에 80년대에 이뤄진 디지털전화교환기 개발과 5대 국가전산망 구축이 아닐까 싶다.

디지털교환기를 보급하기 전에 백색전화, 청색전화가 있었다. 전화선 하나가 웬만한 전세금 정도의 가격으로 거래됐다. 부의 상징이었다. 전화기가 있는 이웃집에 가서 머리를 조아리며 전화를 받기도 했다. 교환원이 있던 시기이니 영어를 할 수 있는 국제교환원은 고수입 직종에 속하기도 했다.

전화보급률이 국가 발전의 바로미터로 쓰인 시기다. 기술전수를 받는 수준이었지만 디지털교환기의 개발은 모든 가정에 전화가 보급되는 획기적인 변화를 가져왔다.

또 하나의 사건은 모든 기관이 개별적으로 전산화를 추진하던 시기에 최초로 국가 기간망 개념을 도입한 것이다. 이를 근간으로 발전한 행정, 금융, 국방, 교육, 과학기술연구 망이 그것들이다. 행정전산망을 위해 데이콤, 금융전산망을 위해 금융결제원 같은 기업이나 조직을 설립했다. 되돌아보면 이런 혁신적인 큰 변화가 국가를 한 단계끌어 올린 것이다.

그에 앞서 60~80년대에는 다섯 차례에 걸친 경제개발 5개년계획이 있었다. 중화학 기반의 산업국가로 발돋움하고 그 뒷받침을 위한 사회인프라SOC를 갖추기 시작했다. 돌아보면 자본, 인력, 기술, 경험이 없는 나라에서 어떻게 그렇게 큰 그림을 그리고 발전시켜 왔는지 놀랍지 않을 수 없다.

지금은 세계에 불고 있는 4차산업혁명의 물결에 맞추어 국가의 모든 부분을 디지털 기반으로 재편하고 그에 부합하는 사회로 혁신할 시점이다. 그러나 안타깝게도, 돈을 퍼부어 가며 혁신한다는 데 진행되는 건 별로 없는 듯하다.

오히려 정부가 민간에서 진행되는 혁신을 가로막고 사회적 갈등마저 조정하지 못하는 실정이다. 60~80년대에 했던 것처럼 국가를 트랜스포메이션 할 비전과 계획이 있어야 하는데 그 그림이 안 보인다.

모든 게 부족한 시절에도 해낸 일을 지금은 왜 못 하는지 궁금하기만 하다. 그 시절 공무원들이 더 우수했고 그들을 믿고 맡겼기 때문이라고 설명하는 사람도 있다.

독재 정권에서 국가의 장기적인 구상이 더 가능했다는 것은 아이러니가 아닐 수 없다. 민주화 이후에 오히려 국가 미래가 아니라 권력 쟁취에 매달렸기 때문이 아닌가 싶기도 하다. 이런 정치권 관행을 공무원들은 제어하지도 못한다. 그러니 대통령도 직접 설득했다는 선배들에 비해 능력이 달린다는 얘기를 듣는다. 사업을 위해 시류를 좇았다는 정주형 회장의 말처럼 공무원들도 시류를 좇는 지경이다.

국가 미래 인재를 어떻게 확보할까. 교육 현장을 어떻게 바꿀까. 미래를 짊어질 기업을 어떻게 키울까. 미래 일의 형태 변화에 따라 어떤 노동 환경을 만들어야 할까. 국가 경쟁력과 생산성을 어떻게 높일까. 금융 환경은 어떻게 달라질까. 100세 시대의 삶은 어찌 달라질까. 미래를 대비나 하고 있는 건지 끝없는 질문이 이어진다.

더구나 미래를 바라보는 시각은 이념이 아니라 현실이어야 한다. 이제 중소기업이 미래를 짊어져야 한다며 대기업에 여러 제약을 가했다. 중소기업청을 중소벤처기업부로 격상시켰고 유니콘기업 수가 11개로 늘었다고 자랑이다.

정작 이 기업들은 외국 벤처캐피털VC로부터 투자를 받아 유니콘기업으로 등극했다. 그 수도 미국 210개와 중국 102개에 비해, 전체 기업가치도 40조 원 정도로 미, 중의 2000조 원에 비해 초라하다. 애플, 구글, 아마존 등의 기업 가치는 각각 1000조 원이 넘어 우리나라의 대표기업 삼성전자 시가총액의 3배에 가깝다.

중소벤처 창업을 공정하게 지원한다며 국가 재원을 두루두루 나누어 주듯 낭비할 일이 아니다. 민간에서 싹튼 창의적 기업들을 가로막지 말고 집중적으로 투자해 획기적으로 클 수 있도록 해야 한다. 정작 클 수 있는 벤처기업은 규제에 막혀 외국으로 나간다. 자본은 외국에서 수혈받는다. 의미 있게 커가는 벤처회사는 이미 외국 자본의 손 안에 있는 꼴이다.

시대의 변화와 국가의 규모에 걸맞는 정책이 정말 아쉽다.

(20/02/03)

05

제로페이, 그 무모함과 무지에 대하여

지금은 너무 당연하게 여기는 우리나라 인프라와 시스템도 불과 30년 전 만해도 열악하기 짝이 없었다. 분야마다 선진국으로부터 열심히 배워 시스템을 구축했다. 그중 대표적인 것이 지불시스템 payment system이다.

70년대 말 국내은행이 발행하기 시작한 신용카드는 미미했다. 주로 외국 여행객들이 호텔, 백화점, 특정지역에서 사용하는 수준이었다. 아득한 기억이 되었지만 당시 신용카드를 제시하면 외국인이 많이 내점하는 영업장은 인쇄된 블랙리스트 명단을 보거나 아니면 카드사에 일일이 전화를 걸어 불량 유무를 확인하곤 했다.

본격적으로 신용카드가 확산된 계기는 역시 86년 아시안게임과 88년 올림픽이었다. 아시안게임으로 입국한 외국인의 신용카드 사용 불편을 개선해 주기 위해 1984년에 지금은 LGU+에 인수 합병된 데이콤을 중심으로 개발해 지금처럼 POS 단말을 설치한 카드 가맹점이 생기기 시작했다. 초보적인 카드승인시스템이라 할 수 있다.

소프트웨어로 외국 패키지BASE24를 도입해 썼다. 외산의 POS 단말을 검토하면서 제일 이해하지 못하던 기능이 현금서비스Cash Advance와 체크카드Debit Card였다. 가맹점에서 현금을 서비스 받을 수 있다는 개념을 알 수 없었다. 왜 신용카드를 안 쓰고 체크카드를 쓰는지도 이해하지 못했다. 외국에 가본 적이 없던 시절이다.

신용이 부족해 신용카드를 발행 받지 못하는 사람들을 위한 서비스라는 것을 이해하지 못한 것이다. 이렇듯 선진 시스템을 배워 일일이 구축하기까지 웃지 못할 해프닝이 많았다.

사용이 안전하고 편리해진 카드가 본격적으로 확산하기 시작한 것은 올림픽을 앞두고 독점적인 밴VAN회사가 승인되어 시스템적으로 모든 은행 및 카드사를 연결하고 가맹점을 확대하면서부터다. 역시 초기에 외국 패키지 소프트웨어ON/2를 채택했다.

지금은 10여 개의 VAN사들이 영업을 하며 마치 수수료를 너무 많이 받아 중소상인들이 어려워진 것처럼 취급을 받는다. 하지만 이들은 우리나라의 지불시스템payment system 발전의 한 축을 담당했으며, 신용카드 확대로 지하경제를 사라지게 만드는 데 공이 컸다. 이들을 통해 전국의 모든 영업장에 POS단말이 설치됐다. 소액과 현금결제까지도 모두 포착해 국세청으로 자동 보고하는 시스템으로까지 발전했다.

다른 한편으로 신용카드가 현금카드의 역할을 겸하면서 금융결제

원을 중심으로 연결된 금융공동망을 통해 전국 모든 금융기관의 자동화기기 어디서나 입출금이 가능한 시스템이 구축됐다. 지불수단이 모바일 기술과 앱, 블록체인까지 등장하면서 다시 한번 변혁이 일어날 것으로 보이지만 현재까지 대한민국이 신용카드를 매개로 한 세계 최고의 지불결제시스템을 구축했다.

이렇게 완벽하게 한 국가의 시스템을 구축하기까지 삼박자가 맞아야 한다. 정부의 정책적 의지와 법적, 제도적 뒷받침이 중요하다. 그러나 이것만으로는 성공할 수 없다. 더 중요한 것은 서비스 제공자와 서비스 이용자의 이득이 서로 상승작용을 하여야 확산이 가능하다.

신용카드 확산을 통하여 정부는 소비촉진과 세원 포착으로 지하경제를 차단할 수 있다. 서비스제공자는 가맹점이 늘어나고 사용빈도가 높아지면 사업이 커질 수 있다. 소비자는 세금혜택, 최대 43일까지의 여신, 무상 할부, 각종 마일리지 및 포인트 등등을 누릴 수 있게 되니 완벽한 삼박자라 할 것이다. 공공기관이 서비스를 디자인할 때 명심할 대목이다.

제로페이는 이 원칙에 어긋난다. 나는 박원순 시장의 손을 잡고 중소벤처부, 은행장들이 제로페이를 선언하는 날 제로페이가 안 되는 이유를 칼럼으로 쓴 적이 있다.

우선 수수료 '제로'라는 말이 선동적이다. 거래 당사자가 처리해야 할 비용을 전 국민한테 전가시킬 뿐이다. 그뿐 아니라 국가 여러 시스템과의 연동에 대한 고민이 없다. 더구나 각 지역은 제각각 지역화폐(화폐라는 말을 붙이도록 허락해야 하는지 의문이 들지만)라는 걸 만들어 홍보한다. 제로페이는 서울페이인 것이다.

정부(서울시)는 중소상인들의 카드수수료를 제로화시켜 준다고 하면서 그 뒤에 작동하는 금융시스템을 무시했다. VAN사가 중소상인들한테 과도한 수수료를 받는다지만 사실 소액을 처리할 때에도 전산, 시스템 처리 비용이 적게 들어가지 않는 데 고민이 있다.

그래서 기껏 고안한 것이 VAN사를 거치지 않고 은행을 통해 구매자의 계좌에서 상인의 계좌로 직접 이체되도록 하자는 것인데 그 처리 비용을 무시한 것이다. 은행이 처리하는 비용을 수수료로 환산하면 오히려 현재의 처리비용보다 더 들어갈지도 모른다. 차라리 VAN사 처리 비용을 누가 보전해 주면 간단할 것이다.

우선 은행 입장에서는 제로페이가 확대되면 될수록 비용 부담이 늘어나 실이 더 많은 서비스다. 사회적 분위기와 정치권의 눈치 보며 동의했겠지만 전혀 자발적으로 확대되기를 원하거나 확대시킬 노력을 할 이유가 없다.

사용자 입장에서는 어떤가. 앱이라고 하지만 지불수단 하나를 더 가지고 다니는 꼴이다. 더구나 최대 43일의 외상이 가능한데 사용하면 계좌에서 즉시 빠져나간다. 극단적으로 소액이체가 많아지면 일일이 계좌에서 확인하기도 쉽지 않다. 신용카드로 제공받는 여러 가지 이득을 포기하게 해야 한다. 중소상인들을 돕는다는 자선적 의미를 빼면 사용자에게 아무런 이득이 없다.

그러니 선언 첫날 내가 주장했듯이 전혀 자생적으로 확대될 수 없는 시스템을 고안한 꼴이다. 확산이 안 되니 공무원들만 들볶는 웃지 못할 일이 생긴다. 공무원들이 인근 식당을 이용해도 제로페이를 사용하지 않으면 비용처리를 안 해준다는 얘기도 들린다.

정치적인 의지만으로 무모한 일을 벌려 여러 가지 폐해를 만드는 일을 당장 중단해야 한다.

(19/12/12)

06

데이터 과학자들의
전문성과 정직이 절실하다

기상예보는 숫자화해 자연현상을 읽어내는 대표적인 데이터data 기반 과학 활동이다. 전 세계 13,000지점에서 세계기상기구가 정한 코드대로 정해진 시각에 관측하여 송수신하는 것으로부터 출발한다. 풍향, 풍속, 온도, 습도, 강수 형태, 강수량, 구름 종류와 분포 등 10여 가지 이상의 기상요소를 매시간 동시에 관측한다.

수신한 관측자료를 해당 지점에 기록하면 선도분석이 가능해진다. 비로소 고·저기압과 기압, 전선의 위치, 이동 방향을 비롯한 전 시간 대비 변화 등 정보information를 얻는다. 과거 100년 이상 누적된 데이터를 기반으로 개발된 수치모델에 적용하면 예보라는 형태의 지능intelligence을 얻게 되는 것이다.

이 과정에 엄청난 데이터를 처리해야 한다. 이 때문에 슈퍼컴퓨터를 다른 기관보다 먼저 도입한 곳이 기상청이다. 모든 자료를 종합해 판단한다. 애매할수록 더 치열한 토론을 거쳐 최종예보와 기후변화 예측이라는 지혜wisdom로운 결과물을 얻는다.

원초적인 데이터가 불량하고 판단이 왜곡되면 현상의 파악이나 그 예측을 바로 할 수 없게 된다. 해당 분야의 데이터 과학자Data Scientist들은 불량 데이터를 가려낼 수 있는 판단력과 주의력을 가져야 한다. 한편 데이터로 처리한 결과를 해석함에도 왜곡이 있어서는 안 된다. 하지만 개인과 조직의 목적, 정치적 목적으로 결과를 왜곡시키는 일을 너무 쉽게 목격하게 된다.

일자리에 대한 판단과 예측이 계속 어긋나면서 착시와 왜곡이 계속 일어난다. 새로 생겼다는 일자리가 제대로 된 일자리인지 아닌지 모호하며, 통계의 결과마저 왜곡하는 경향이 있기 때문이다.

정부에서 취업률이 최고이고 실업률이 최저라고 발표하는 날이었다. 제주의 해변도로를 운전하며 바람을 쐬다 바로 이런 왜곡의 현장을 목격하였다.

1차선 도로 건널목마다 할머니 2명씩 빨간 점퍼를 입고 신호 유도등을 들고 있었다. 형색을 보아 본인들 몸도 가누지 못할 정도였다. 다른 한 손에는 지팡이를 짚고 있으며 그것도 모자라 작은 사거리 코너에 의자를 놓고 앉아 있었다. 혹시 정부 예산으로 노년층에 일자리를 주었다는 것이 다 이런 식이 아닐까 하는 의심이 들었다. 그야말로 일자리 불량 데이터 현장이다.

그 결과는 뻔하다. 정작 활기차게 일해야 할 30~40대의 진짜 일자리는 줄어들었을 망정 전체 취업자 수는 늘었고 실업도 최저로 떨어졌다고 하는 것이다. 정부가 복지성 일자리만 늘리다 보니 오히려 1분위의 소득은 줄고 비정규직이 오히려 늘었다는 얘기까지 나오는 실정이다.

최저임금 인상으로 안정적인 일자리를 갖지 못해 소득이 줄고 있는 더 많은 사람을 빼놓고 직업을 가진 사람들의 소득은 늘었다는 강변을 들으면 왜곡의 극치임을 알 수 있다. 전반적인 경제지표가 나빠지고 있는데도 우리 경제가 견실하다는 주장까지 나오고 있다.

부실한 원천 데이터와 결과에 대한 해석의 왜곡으로 벌어지는 현상이다. 관측이 정확해야 날씨 예보를 잘할 수 있듯이 데이터를 정확하게 읽어야 제대로 된 대책이 나올 수 있다.

구글이 핏빗fitbit을 최근에 2조 4000억 원에 인수했다. 스마트밴드 상용화에 최초로 성공한 업체다. 단순히 웨어러블 디바이스가 아니라, 이 회사가 그동안 축적한 데이터와 그 플랫폼을 보고 구글이 그 어마한 돈을 지불했다는 분석이 나왔다. 히딩크도 우리나라에 데이터 기반의 축구를 선보이며 월드컵을 성공적으로 이끌었다.

전 세계 산업계는 바야흐로 데이터 기반 경제를 향해 달리고 있다. 데이터 과학이 곧 국가 경쟁력인 시대가 됐다. 빅데이터든, 스몰 데이터든 데이터를 잘 모으고 가치 있게 활용하는 것이 대한민국이 스마트해지는 길이다.

그러함에도 이런저런 이유로 데이터를 처리하면서 지속적으로 왜곡이 일어날 뿐만 아니라, 말로 표방하는 것과 달리 데이터 활용에 제약이 가해지는 안타까운 현실이다.

데이터의 전면적 개방, 데이터 과학자의 대대적 육성과 더불어 이들의 전문성은 물론 정직과 용기가 절실하다. 데이터 과학자가 국가에 미치는 영향은 앞으로 어느 영역보다 커질 것이기 때문이다.

(19/11/20)

07

공공 IT 환경 이대로 좋은가

금융기관에 이어 내년부터 공공부문의 민간 클라우드 이용을 확대한다고 한다. 공공기관뿐 아니라 중앙부처, 지자체까지 허용하기로 한 것이다. 공공기관의 민간 클라우드 이용 가이드라인도 연내에 개정될 예정이다. 클라우드 시장이 크게 확장될 것이라는 전망도 나왔다.

KT는 이미 7~8년 전 국내 최초로 실리콘밸리의 클라우드 관련 전문인력을 영입하고, 대규모 투자를 통해 클라우드 데이터센터를 구축했다. 그러나 클라우드 시장이 늦게 열리고 시장성이 낮다고 판단한 후임 경영자들이 클라우드 사업을 후퇴시킨 것은 아쉬운 부분이다. 이제 와서 클라우드 시장이 열리더라도 경쟁력을 확보하지 못해 아마존, MS 등 외국계 클라우드에 기회를 넘겨주는 결과를 초래할 것이다.

민간 클라우드를 이용하더라도 외교, 안보 등 국가 운영의 핵심 정보와 건강, 유전, 범죄 등 민감한 개인 정보는 제외할 것이라고 한다. 하지만 유전정보 중 개인을 식별할 수 있는 내용은 삭제하는 식으로 세밀하게 조정해 민간 클라우드를 최대한 활용할 수 있도록 해야 한다. 이미 영국 등에서는 개인의 의료 정보를 모든 의료기관이 공유하고 있다. 궁극적으로 정보를 막는 게 아니라 적극적으로 활용하는 풍토를 만들어야 한다.

차제에 클라우드뿐 아니라 공공부문의 IT환경을 전반적으로 돌아봐야 한다. 클라우드 이전에 공공기관의 망 이중화를 재고해야 한다. 보안을 이유로 자리마다 인트라넷과 인터넷이 분리된 데스크톱을 설치해 일을 하고 있다.

정부 스스로 유연 근무를 권장하고 있는 데다 공공기관이 전국에 흩어져 있어 이동을 많이 해야 하는 업무환경인데도 자기 책상에 가야만 컴퓨터를 이용할 수 있다는 것은 넌센스다. 데이터뿐 아니라 데스크톱 가상화VDI를 통해 전국 어느 곳에 가더라도 컴퓨터와 데이터를 사용할 수 있어야 한다.

보안을 이유로 제한되고 있는 무선환경(와이파이, 모바일)도 전향적으로 재고해야 한다. 보안은 정보 중심으로 분리하고 지켜야지 보안을 이유로 무선 인프라를 사용치 못하게 하는 것은 국가적으로 엄청난 비효율이다. 무선 환경이 구축되어야 유연해지고 이동 중에도 일을 할 수 있다.

아래아한글hwp, 안랩 등 업무 소프트웨어도 글로벌 공용 환경을 고려하여야 한다. 국산 소프트웨어를 키운다는 목적으로 토종 소프트웨어를 지정해 업무 비효율을 방치해서는 안 된다. 토종에 연연하기보다 국가의 경쟁력을 고려해야 한다. 공공기관으로부터 아래한글 문서를 받을 때마다 그 일방적인 사고에 놀라지 않을 수 없다. 민간에서는 아래한글을 거의 쓰지 않기 때문이다. 삼성도 독자 문서시스템을 포기했다.

정부부처, 공공기관들이 무분별하게 만들고 있는 모바일앱을 종합적으로 검토하고, 기준을 정해야 한다. 최근 한 의원의 조사에 의하면 과기정통부에서 6억 원을 들여서 만든 앱 66개 중 59개가 하루 다운로드 건수가 10회 미만이라고 한다.

소프트웨어 중심국가를 만들고 소프트웨어로 정부의 효율을 달성하려면 공공 IT 발주 방식에 재검토가 있어야 한다. 현재와 같이 정부 발주 사업에 대기업의 참여를 제한하는 것은 궁극적으로 소프트웨어 산업을 후퇴시키고 공공의 IT 환경을 뒤떨어지게 만들 위험이 있다.

가두리 양식장에서 키우는 방식으로는 궁극적으로 중소기업도 경쟁력을 갖출 수 없다. IT는 다른 산업과 달리 모든 분야의 경쟁력과 효율의 기반이 된다. IT 강국이라는 이름에 걸맞게 IT 환경이 최고 수준에 다다를 수 있도록 해야 한다. IT 발주에서 중소기업 보호 논리가 적용되지 않기를 바란다. 국가 IT 환경의 거버넌스를 갖추고 총괄할 국가 CIO를 두는 방안도 적극 검토할 필요가 있다.

(18/10/05)

08
4차 산업혁명에 대비한
국가 기술개발 전략

 1970~80년대 기술도 부족하고 외화도 부족하던 시절에는 기술개발의 방향이 수입을 대체하기 위한 것이었다. 연구 결과를 발표하거나 개발 제품을 전시할 때 수입대체 효과를 꼭 표시할 정도로 중요한 지표였다.

 국내시장을 보호하기 위한 기술들이 도입되기도 했다. 무역수지 개선을 위해 총력을 기울인 결과 1980년대 후반 무역흑자를 달성한 이후 다시 적자로 돌아섰다가 2000년대 이후 무역 흑자를 지속하고 있다.

 자주의 기조를 내세우던 노무현 정부에서 정보통신 분야의 원천기술을 강조하기 시작한 것은 CDMA 로열티 논쟁이 계기였다. CDMA 기술을 세계 최초로 상용화하면서 벤처기업이었던 퀄컴사를 키우는데 크게 기여했음에도 불구하고 우리가 퀄컴에 엄청난 로열

티를 물고 있다는 지적이 많았다. 퀄컴이 우리보다 중국에 더 좋은 조건을 제공했다는 비난도 있었다.

그렇게 해서 자체 개발 기술을 기반으로 내놓은 서비스가 와이브로다. 개발과 상용화에 수조 원이 투입되었지만 원래 목적은 달성하지 못하고 외면 받았다. 세계 시장에 진출하는 것은 고사하고 국내에서도 주요 통신수단으로 자리 잡지 못했다.

원천기술 개발은 하루아침에 이루어지지 않는다. 배아픔이나 이념으로 되는 일이 아니다. 오랜 기간 차분하게 기초과학에 대한 투자가 이루어져야 한다. 개발된 기술이 세계시장에서 채택되려면 훨씬 멀고 힘든 길을 가야 한다.

4차 산업혁명시대를 맞아 앞으로 개발과 혁신의 목소리가 더 높아질 것이다. 거세게 밀려오는 변화의 물결을 기회로 삼기 위해서는 국가의 전략과 틀을 근본적으로 바꿔야 한다.

우선 공무원들이 개발과 투자 영역을 정하고 계획하여 예산을 투입하는 기존 방식에서 탈피해야 한다. 공무원들이 기술과 산업의 미래를 계획한다는 것은 언어도단이다. 민간의 혁신이 활발하게 일어나도록 역할을 바꿔야 한다. 과거의 정부주도 개발방식을 더 이상 지속해서는 안 된다. 전문가들이 정치세력과 결탁해 관 주도의 자리를 만들고 예산을 확보하는 일도 멈춰야 한다.

미국 정부에는 기술책임자CTO가 있다. 기술개발을 계획하고 선도하는 게 아니라 개방형 혁신Open Innovation 사회를 만들어가는 역할을 담당하고 있다. 즉 본인들이 개발을 주도하는 게 아니라 혁신이 활발히 일어날 수 있는 환경을 만들고 국가가 더 효율적이고 안전해지는 데 집중하고 있다.

앞으로는 기술과 산업의 경계도 불분명해진다. 인공지능으로 암 진단을 하면 이는 의료기기 산업인지, 소프트웨어 산업인지 구분하기 힘들다. 소관도 보건복지부, 산자부, 미래부 어디인지 애매해진다. 드론으로 파종과 농약 살포를 하면 농업용 기기인지 항공기기인지 알 수가 없다.

빌 게이츠는 앞으로 로봇세를 물어야 한다고 주장하고 있다. 로봇이 사람의 일자리를 빼앗아 가기 때문에 로봇을 활용하는 기업에 세금을 물려 일자리를 잃는 사람들을 보호해야 한다는 논리이다.

새로운 형태의 사업이 등장하고 영역이 허물어지면서 대기업과 중소기업, 대기업과 중소상인, 의사와 한의사 등으로 기득권을 지키거나 보호를 주장하는 목소리가 높아지고 있다. 여기다 인공지능을 가진 로봇이나 드론 등이 등장하면서 기득권을 둘러싼 갈등이 더 심해질 것이다. 앞으로 다가올 혁명적인 변화에 대비해 정부 조직, 산업 체계, 법과 제도의 틀을 시급히 정비해야 한다.

(17/03/17)

IX

혁신
DNA를
뿌리내리게
하라

디지털 트랜스포메이션으로
살 길을 찾아야 한다

    두 아이의 엄마인 딸은 오프라인 매장을 아예 이용하지 않는다. 온라인 구매가 전혀 불편하지 않고 집으로 배달까지 해주니 너무 편하다고 한다. 게다가 반품 정책이 명확하고 투명해 눈치 보지 않고 반품도 가끔 하는 모양이다. 식품, 의복, 신발, 장난감, 책 등 온라인으로 다 해결한다. 명품을 구입할 일이 있으면 '블프(블랙프라이데이)' 같은 행사에 맞춰 해외직구를 한다. 어쩌다 오프라인 매장을 갈 때는 현물을 확인하거나 시착Try해 보기 위함이다.

    이커머스 시장의 폭발적 성장으로 전통 유통 회사들은 위기에 봉착하고 있다. 한 조사에 의하면 전 세계 이커머스 소매시장은 최근 5년 사이에 무려 280% 성장했다. 온라인 쇼핑객이 해외에서 구매하는 비율도 전 세계적으로 평균 57%에 이르고 있다. 엎친 데 덮친 격으로 코로나까지 닥쳐 웬만한 중견 기업들도 매출 반 토막은 보통이다.

국가, 지역으로 구분되던 시장의 벽이 허물어지고 '비대면(X-커머스)' 구매 행위가 폭발적으로 늘어나면서 전통 유통 기업들은 디지털 트랜스포메이션에서 살 길을 찾고 있다. 쇼핑에 더해 복합문화공간으로 재탄생시키기도 한다. 오프라인 업체의 이런 변화에 대응하기 위해 이커머스업체들은 메타버스Metaverse를 활용해 소셜, 쇼핑, 엔터테인먼트가 가능한 사이버 공간을 제공할 준비를 하고 있다.

세계가 하나의 시장으로 움직이므로 이커머스도 글로벌화를 해야 한다. 한 국가, 한 지역에만 머무르던 회사로서 글로벌마케팅은 다양한 SNS 채널을 통해 할 수 있다지만 글로벌 판매망을 구축하는 것은 큰 도전이 아닐 수 없다. 물류를 효율적으로 저비용으로 통제할 수 있어야 하고, 동시에 소비자들에게는 터치앤필Touch and feel의 경험을 제공할 수 있어야 한다.

새로운 개념의 옴니채널 전략으로 나온 것이 온라인쇼핑몰에 구매 전 시착Try before buy 기능을 구현한 이후에 지역별 공유개념의 시착센터Fit center를 활용하는 것이다. 고객은 주문 후에 자기 지역의 시착센터를 방문해 시착해 볼 수 있다. 맘에 안 들면 놔두고 돌아서면 된다.

이커머스에서 가장 중요한 요소는 반품Return and cancel률을 낮추는 것과 생산제품의 판매율을 높이는 것이다. '전통 유통Brick and mortar'의 반품률이 10% 미만인데 비해 이커머스에서의 반품률은 20~30%에 달하고 고가제품은 50%나 된다. 고객의 선택을 받은 후에 반품률을 낮추기 위해서는 치수, 색상, 원료, 촉감 등 고객 희망 정보를 입력

하고 빅데이터화하는 것이 기본이다. 또 센서, 인식, 3D프린팅, 스캐닝 기술 등을 활용해 제품에 대한 구매 사전·사후의 만족도 수준을 일치시킬 수 있도록 해야 한다.

한편 원가를 낮추고 고객이 원하는 디자인으로 제품을 만들어 판매율을 높이기 위해서는 디자인 단계에서부터 생산에 이르는 전 과정의 통합적인 제품관리체계PLM, product line management가 갖춰져야 한다. 각 부문의 전문성과 공유가 그 기본이다. 이에 더해 그린이 모든 산업의 미래이다. 그린 원자재를 사용하고 폐기물이 발생치 않도록 하며, 폐기물을 재활용하는 데 IT, 바이오, 화학 등의 기술이 총망라되어 사용되고 있다.

라벨이 없는 물병을 출시했더니 매출이 크게 늘었다고 한다. 생분해 원자재도 사용하고, 재활용 원단을 사용한다든지 페트병에서 실을 뽑아 옷을 만들기도 한다. 코로나로 인한 마스크 폐기물을 도로포장 재료로 활용하는 연구도 하고 있는 모양이다. 모든 제품에 탄소배출 이력관리를 하기 시작한 유통기업도 있다.

MZ 세대를 중심으로 그린 소비가 늘고 있으며, 지구 환경교육을 받고 있는 유소년들에게는 식품, 의류, 용기 등의 폐기물을 줄이는 것이 선택의 기준이 될 것이다. 국경 없는 유통시대에는 디지털 트랜스포메이션으로 새로운 개념의 글로벌 이커머스 전략으로 살아남아야 한다.

(21/05/10)

02

일론 머스크의 혁신 DNA와 테슬라 따라잡기

10여 년 전 3000여 명이 모이는 글로벌회사의 세일즈 회의에 참석한 적이 있다. 미국 라스베가스의 한 호텔 그랜드 볼룸에서 개최되었다. 혁신innovation을 대주제로 준비된 행사였다. 50년 전 세계 최초로 달 착륙한 닐 암스트롱이 무대에서 어눌한 발음으로 우주선에서 바라본 달의 모습과 착륙 순간의 감동을 들려주었다(그는 3년 후 고인이 되었다). 이어서 일론 머스크의 스페이스X 가 소개되었다. 글로벌 IT 회사로서 고객의 요구를 충족하기 위해서는 혁신해야 함을 충격적으로 강조한 현장이었다.

민간이 유인 우주선을 발사하고 우주여행의 시대를 열겠다는 계획이었다. 그 당시는 이 계획이 황당하게 들리기도 하고 일론 머스크가 여러 어려움을 겪던 시기이어서 믿음이 별로 가지 않았었다. 지금 되돌아보면 나는 혁신가의 꿈과 상상을 믿지도 못하는 존재가 되고 말았다.

주가 변동에 따라 오르내리지만 머스크는 10여 년 만에 세계 최고 부자의 대열에 올랐다. 그가 얼마나 혁신적인지 이해하고 또 그런 혁신이 던져주는 시사점을 파악할 필요가 있다.

우선 머스크는 가족으로부터 혁신 유전자를 물려받고 환경의 영향을 많이 받은 것으로 보인다. 알려진 바에 의하면 그의 외할아버지는 그 시대에 고고학자로서 캐나다에서 아프리카로 이주하였다. 엄마 메이 머스크는 부친을 따라 아프리카로 이주해 결혼 후에 삼남매를 낳았다. 결혼 생활 10여 년 만에 이혼하고 캐나다로 돌아가 모델로서 70을 넘긴 나이에도 현재까지 현역으로 활동하고 있다. 아버지 에롤 머스크는 막장으로 알려져 있지만 최연소 기술사로 뛰어난 엔지니어였다고 한다. 동생 킴벌은 먹는 문제를 해결하기 위해 저가 유기농 외식체인, 농업 교육사업, 농업 벤처 등의 사업을 하고 있다. 막내 토스카는 영화감독, 프로듀서로서 패션 넷플릭스 창업을 하기도 했다.

할아버지, 아버지, 엄마의 DNA를 모으면 일론 머스크가 어떻게 혁신가가 되었는지 알 수 있다. 무한한 상상으로 큰 꿈을 꾸고, 그 꿈을 실현하기 위해 과감하게 실행에 옮기며, 엔지니어의 피를 받아 디테일을 챙긴다는 것이다. 우리나라의 교육이 이런 인재를 키워야 미래가 있다.

현대자동차가 최초로 전용 전기자동차를 발표했다. 1회 충전으로 420km를 달리는데 모델에 따라 테슬라보다 80km 정도 '더' 또는 '덜'

간다고 한다. 상세한 내용을 알 수는 없으나 언론에는 실내 공간, 주행거리, 배터리를 포함한 구조에 대한 설명이 전부이다. 애플이 아이폰을 출시했을 때의 데자뷰를 보는 듯하다. 아이폰이나 테슬라는 소프트웨어, 플랫폼, 기존의 생태계와 다른 새로운 전략을 내놓고 있는데 우리는 하드웨어 그것도 외형에 초점을 맞추고 있는 것이다.

단순한 외형적인 모습이 아니라 테슬라를 좀 더 이해할 필요가 있다. 테슬라는 아이폰이 그랬듯이 자동차임과 동시에 인포테인먼트 플랫폼이다. 전면의 패드로 UXuser experience가 이루어지며 SIM 카드가 내장된 커넥티드 카connected car이다. 데이터를 모으는 플랫폼 역할을 해 자율자동차 시대를 여는 데에도 앞서갈 것으로 보인다.

또 중요한 특징은 수직 계열화이다. 운영체계, 클라우드센터, OTAover the air, 중앙제어장치ECU, AI반도체, 전기차, 충전소, 통신 등 필요한 모든 역량을 스스로 갖추고 있다. 이는 아마존도 마찬가지이다. 우리 기업환경에서는 공정거래 이슈로 불가능할 것으로 보인다.

기존 자동차들이 수십 개의 컨트롤 유닛을 갖고 있는 데 비해 테슬라는 3개의 전자제어장치ECU로 모든 조작이 이루어지며, 통신과 OTA 기능을 갖추고 있어 수시로 기능을 업그레이드할 수 있다. 이는 소비자들의 구매 가격이 아니라 총소유비용TCO, total cost ownership을 낮추는 효과가 있다.

테슬라는 생산에서도 혁명적인 변화를 이끌고 있다. 기존 자동차 산업이 100년 이상 발전해 온 과정을 따르는 것이 아니라 완전히 새로운 접근을 하고 있다. 배터리도 직접 설계하며 조만간 60% 가깝게 가격을 낮춰 2만 5천 달러 짜리 전기차가 가능하다고 발표했다.

작년 37만 대 판매한 회사가 2030년에는 2000만 대를 생산한다고 공언하고 있다. 현재까지 한 자동차 회사의 최대 생산량이 1000만 대임을 감안하면 엄청난 목표인 것이다. 기존의 자동차회사들이 생산량을 늘리기 위해 공장을 확장하는 데 비해 생산 속도에 초점을 맞추고 있다. 의장 분야까지 완전 로봇화를 추진하면서 기계를 만드는 기계까지 꿈꾸고 있다.

일론 머스크는 스티브 잡스 이후 최고의 비저너리 CEO^visionary ceo로 꼽히고 있다. 전기자동차뿐 아니라 스페이스엑스, 에너지기업 솔라시티, 초고속 교통수단 하이퍼루프 등 모든 기업들은 '지구를 멸망에서 구하고자 하는 목표'를 달성하기 위한 것이라고 한다. 역시 엄청나게 큰 꿈과 상상을 디테일한 능력으로 실현시킬 수 있는 사람이다.

(21/03/05)

03

4차산업혁명 시대의 리더

2020년에는 코로나가 전 세계를 공포의 도가니로 몰아넣었다. 확진자 8270만 명, 사망자가 180만 명에 달했다. 문명사회에서 상상도 할 수 없는 일이 벌어진 것이다.

아메리카 퍼스트를 외치며 비정치인으로 당당하게 대통령에 당선되었던 트럼프가 재선에 실패했다. 4년간 독선으로 온갖 갈등을 일으키며 재선에 도전한 선거에서 역대 최고의 득표를 했음에도 역사상 최고령 대통령을 탄생시켰다.

그런가 하면 미국 증권시장에는 큰 변화가 있었다. 10년 전 상위 10대 기업 중 현재까지 자리를 지키고 있는 기업은 마이크로소프트뿐이다. 10개 기업이 모두 4차산업혁명 관련기업이거나 4차산업혁명을 뒷받침하고 잘 활용하고 있는 기업이다.

상위 3개사의 시가총액은 각각 1000조 원 이상으로 애플은 무려 2100조 원을 넘어섰다. 삼성전자 400조 원의 5배나 된다. 테슬라는 6위에 자리하며 돌풍을 일으켰다.

하나같이 시대를 앞서가는 출중한 리더들이 창업해 이끌고 있는 회사들이다. 지난 30, 40년간의 주식 시장을 살펴보면 시대의 흐름을 읽을 수 있다. 80년대 에너지, 90년대 내수·제약, 2000년대 금융·과학기술, 2010년대 인터넷, 2020년 4차산업혁명으로 변화해 왔다. 역시 리더는 그 시대의 혁신을 주도할 수 있어야 한다.

신축년을 맞는 대한민국의 모습을 생각한다. 국가는 미국의 트럼프시대 이상의 갈등으로 혼란스럽기만 하다. 혁신 기업의 모습은 보이질 않고, 대표기업의 수장은 몇 년째 법정을 오가고 있다.

4월이면 지방자치 빅2를 뽑는 보궐선거가 있고, 후년에는 대통령선거가 예정되어 있다. 국가를 살릴 혁신 기업도 등장해야 한다. 이럴 때 국가·기업 할 것 없이 이 시대에 필요한 리더를 생각하게 된다.

무엇보다 과거에 매이지 않고 시대정신을 이해해야 한다. 우리에게 필요한 것은 이제 더 이상 과거 청산이나 권력기관 개혁이 아니라 세계적인 문명의 전환기를 맞아 미래의 체제를 설계하는 것이다. 국가의 새로운 룰을 만들어야 한다. 정부와 민간의 역할, 기업 환경, 노동의 역할과 조건, 일자리의 변화 등에 대해 탁견을 갖추어야 한다.

국가나 기업의 경영자는 스스로 과학기술에 대한 이해가 높아야 한다. 한편 빅데이터 시대에 적어도 데이터로부터 스스로 인사이트 도출이 가능해야 한다. 분석해 주는 대로 읊거나 통계를 왜곡하는 일은 없어야 한다.

'불편부당不偏不黨'해야 한다. 지도자는 이념, 편이나 무리에 치우치지 않고 중도적 입장을 지켜야 한다. 국가, 공조직, 사조직, 운동 팀할 것 없이 통합해야 미래가 있다. 아무리 강한 신념과 의지를 갖고 있어도 통합 없이는 힘을 발휘할 수 없다.

헌법 가치인 자본주의와 자유의 가치를 존중해야 한다. 시장의 힘을 믿어야 한다. 미국 시가총액 상위에 포진한 회사들은 하나같이 시장을 읽는 데 앞선 회사들이다. 시장과 역행하면 바로 퇴출되기 마련이다. 기업은 시장 내에서 혁신하고, 정부는 기업이 시장에서 자유스럽게 역할을 하게 해야 한다. 정부나 기업이나 시장을 거스르는 일을 하지 말아야 한다. 시장과 자유의 힘은 강하다.

유연한 사고와 개방적 공감 능력을 가져야 한다. 애플의 스티브 잡스나 팀 쿡, 마이크로소프트 빌게이츠나 사티아 나델라, 아마존의 베조스, 테슬라의 일론 머스크, 페이스북의 주커버그 모두 유연하고 혁신적인 사고와 뛰어난 공감 능력을 가진 사람들이다.

배우가 아니라 총감독 역할을 해야 한다. 각본대로 연기하는 것이 아니라 시대를 선도할 안목과 지도력을 갖춰야 한다. 악을 쓰며 선거

도 인정하지 않은 트럼프와 달리 독일 메르켈 총리는 금년 선거에 불
출마함으로 스스로 권력을 내놓고 물러선다고 한다. 그는 15년 재임
기간 동안 세계에서 가장 영향력 있는 여성으로 꼽히며 독일을 유럽
뿐 아니라 세계에서 중심국가로 자리매김하는 데 앞장서 왔다.

　우리나라에도 이 시대를 헤쳐 나갈 리더들이 등장하기를 고대한
다. 적어도 리더의 위치에 자리한 사람들이 시대정신을 잘 이해하고
역할하기를 희망한다.

(21/01/04)

04
혁신의 리스크를 수용하지 못하는 나라

전 세계가 코로나19 백신 확보 전쟁 중이다. 30여 개 나라에서는 금년 중에 백신을 맞기 시작한다고 한다. 잘사는 나라와 못사는 나라 사이에 벌어질 백신 디바이드를 우려하고 있다. 백신 접종이 시작된 나라에서도 누가 먼저 맞는지를 놓고 계층 간에 공공성과 공정성 갈등이 생기고 있다.

백신 확보에 실패했다고 하는 비판이 비등하고 있다. 인구수의 몇 배를 확보한 선진국들에 비해 양도 적을 뿐 아니라 백신 접종의 구체적인 시기·일정 등을 공개도 하지 못하고 있다. 4400만 명 분을 확보하고 있다고 하는데 계약을 했다는 1000만 명분은 아직 3상 실험의 지연으로 FDA 승인도 못 받은 회사로 일정이 불투명하다.

이에 대해 정부는 백신 개발 완료 이전에 유효성이나 안전성이 입증되지 않은 상태에서 선 구매해야 하는 불확실성이 높은 상황을 이유로 들고 있다. 국민건강을 최우선으로 고려해 협상을 진행해 왔다는 것이다. 이런 불확실성은 다른 나라도 마찬가지여서 해명이 되지 못한다.

여러 전문가들의 예고가 있었음에도 3차 대유행 같은 상황을 상정하지 못했다. 소위 K-방역의 성공(?)에 취해 백신의 확보의 긴박성을 인식하지 못한 것이다. 당에서는 심지어 백신 먼저 맞는 나라들을 부러워할 일이 아니라는 소리까지 나온다. 세계 여행을 다닐 때 풍토병 예방주사처럼 증명서를 들고 다녀야 할지도 모르는 판국인데 안일한 소리이다.

현재까지 계약을 완료했다고 하는 회사는 FDA 승인도 못 받았는데 국내 기업에 위탁 생산하게 되어 있다고 한다. 또 한 제약회사 회장은 조만간 치료제 개발 완료를 자신한다고 공언하고 있다. 국민 건강을 최우선으로 고려했다고 하지만 이런 상황으로 미루어 혹시 산업적인 고려가 앞선 건 아닌지 의구심을 갖게 한다.

뭐니 뭐니 해도 이 시점에 추구해야 하는 가치와 그 가치를 실현하기 위해 감수해야 하는 리스크에 대해 잘못 판단한 것으로 보인다.

사실 우리는 리스크를 수용하는 제도와 문화를 갖지 못했다. 백신 계약을 협상을 하면서도 가격, 일정, 백신의 유효성, 유통의 용이성, 부작용에 대한 배상, 비밀 보장 등 온갖 조건들에 대해 꼼꼼하게 따지며 밀고 당겨 완벽한 계약을 위해 노력했을 것이다. 실무자들은 계약을 잘못했을 때 돌아올 책임을 항상 머리에 떠올리며 일했을 것이다. 실무자들이야 그렇다지만 방역 책임자, 부처의 책임자 심지어 청와대까지도 이런 상황에서 시기의 긴박성에 따른 리스크를 감수하지 못 한 것이다.

그러나 이들의 무능만을 탓할 수 없다. 그런 환경 속에서 자라고 커 왔기 때문에 아무리 높은 자리에 앉아도 마찬가지인 것이다. 더구나 감사를 비롯한 많은 제도가 그렇게 만들고 있다.

누구라도 마찬가지였을 것이다. 필자가 외국 기업을 대표해 정부 기관, 기업과 수도 없이 많은 계약을 협상하며 느꼈던 답답함을 생각하면 어떤 일이 벌어졌을 지 가히 상상이 간다.

이래서 우리나라에서는 혁신이 일어나기 힘들다. 혁신적인 무엇을 만들어 내는 데에도 한계가 있지만 혁신을 받아들이는 데에도 인색하기 때문이다. 혁신은 창업을 권장하고 투자를 늘리는 것만으로 이루어지지 않는다. 민관 할 것 없이 사회의 리스크 수용성risk taking이 높아야 한다. 모든 혁신은 리스크를 수반한다.

1980년에 IBM이 PC의 OS로 20대 청년들이 만든 도스DOS를 택한 것이 오늘의 마이크로소프트를 탄생시킨 배경이다. 40년 전에 우리나라에서는 도저히 있을 수 없는 결정이 이루어진 것이다.

마이크로프로세서의 출현으로 1980년대는 새로운 아키텍쳐로 구현된 미니-마이크로 컴퓨터 천국이던 시대가 되었다. 그 당시 나를 놀라게 한 것은 제품이 아니라 아키텍쳐와 약속commitment만으로도 첫 번째 고객이 되기를 주저하지 않는 고객이 있다는 사실이었다. 첫 번째 고객이 되었을 때 가질 수 있는 이점advantage을 보고 과감히 리스크를 수용한 것이다.

반대로 국내에서는 아무리 좋은 기술, 제품, 솔루션을 제시해도 선뜻 수용하지 않는다. 내가 평생 들어 온 말 중에 "좋기는 좋은데~~~"가 있다. 좋다고 생각되면 여러 이슈들을 극복하며 받아들여야 하는데, 여러 이유를 들며 받아들이지 못한다.

IT 분야가 가장 혁신적인 분야라고 여길 듯하지만, 나의 경험으로는 오히려 보수적이거나 반 혁신적이었다. 어쩌면 권한이 안 주어져서 그랬는지도 모른다.

직원 250인 이상 기업의 클라우드 도입률이 33.6%로 OECD 국가 중 최저 수준이다. 핀란드 88.6%, 일본 70.3%보다 훨씬 떨어지는 수준이다. 클라우드는 AI, 빅데이터 등에 필수적인 환경으로 디지털전환을 가늠해 볼 수 있는 지표이다.

클라우드 이전에도 유닉스를 받아들이는 데 10년, 다시 리눅스를 받아들이는 데 10년 이상씩 걸려 혁신적인 IT 환경을 갖추는 데 항상 뒤처져 왔다.

백신 확보가 늦어진 것도 결국은 우리 사회가 리스크를 수용하는 문화를 갖지 못했기 때문이다. 긴박한 상황에서도 통상적인 조건들만 따지고 있은 것이다. 확보를 우선 해놓고 접종을 신중하게 하는 프로세스를 따랐어야 했다. 앞뒤도 안 맞는 이유를 대가며 두리뭉실 피해 갈 것이 아니라 이제라도 상황을 제대로 인식하고 리스크를 수용하며 위기를 극복해야 한다.

(20/12/22)

05

유니콘 기업은
소망만으로 탄생하지 않는다

　박영선 중소벤처기업부 장관은 작년 IPO 엑스포에서 기조연설자로 나서 스케일 업 펀드를 12조 원으로 키워 2022년까지 유니콘 기업을 10개 이상 키운다고 밝혔다. 이것도 모자라 최근에는 꿈 같은 얘기를 계속하고 있다. "블록체인 유니콘이 나오길 바란다.", "2025년까지 글로벌 수준의 비대면 벤처기업 100개를 육성하겠다.", "LH와 손잡고 건축분야 유니콘 기업을 키우겠다." 등등.

　반면에 최근 공정거래위원회는 독일 딜리버리히어로DH의 배민(배달의민족) 합병에 대해 기존에 가지고 있던 '요기요'를 매각할 것을 조건으로 내걸었다. 최종 결정을 앞두고 있지만 조건대로 결정되면 양사가 어떻게 결정할지 두고 볼 일이다.

　시장에서는 공정위가 이루어질 수 없는 조건을 내세워 합병에 반대하고 있다고 해석하기도 한다. 공정위의 요구대로 '요기요'를 인수

할 기업이 나타나지 않을 수도 있다. 시장 지배력을 낮추기 위해 점유율 축소 요구로 방향을 틀 수도 있다. DH는 속으로 웃고 있을지도 모른다. 하여튼 공정위의 조치를 놓고 지루한 실랑이가 예상된다.

주저앉고 있는 경제를 일으킬 유일한 희망은 혁신기업을 일으키는 것이다. 이에 중소벤처부에서는 허황할 정도의 소망들을 남발하고 있다. 이런 시국에 공정위의 조치에 주목하는 이유는 투자 회수 exit시장에 치명적인 영향을 초래하기 때문이다. 겨우 11개의 유니콘 중에서 투자 회수의 기회를 마련한 기업의 발목을 잡았기 때문이다.

혁신경제가 일어나기 위해서는 많은 혁신 창업의 물결이 일어나야 한다. 그런 창업 기업들의 성공은 중소기업 규모로 생존, 중견기업 규모로 성장해 상장IPO, 인수합병 등을 거치면서 이루어진다.

물론 대기업규모까지 성장하면 더없이 좋은 일이지만 우리 환경에서는 참으로 험난한 길이다. 4차산업혁명 기업 교체율이 미국 36.6%, 중국 22.2%인 데 반해 우리의 경우 혁신만이 길이라고 외치고 있지만 비율이 14.4%밖에 되지 않는다. 그만큼 혁신기업이 대기업까지 성장하기 힘들다.

정부의 한쪽에서는 꿈을 부풀리고 다른 한쪽에서는 싹을 자르는 일을 반복할 것이 아니라 혁신 산업 생태계를 냉철하게 돌아봐야 한다.

돈으로만 창업을 지원한다 할 것이 아니라 돈보다 중요한 기술과 사업모델을 구현할 수 있는 환경이 필요하다. 현재와 같은 규제와 기득권 보호 풍토에서는 아무리 창업을 많이 해도 성공의 길은 멀다.

창업한 기업이 큰 매출을 달성하고 또 이익까지 내기에는 참으로 오랜 시간이 걸린다. 창업해 성공했다고 꼽히는 유니콘 기업들도 흑자인 경우는 드물다. 그래서 투자가 필요한 것이다. 투자를 활성화시키려면 투자자의 투자 회수에 우호적인 환경을 만들어야 한다.

실상은 투자한 기업의 대부분은 실패하고 상장을 통해 투자를 회수하는 경우는 극히 드물다. 따라서 상장이 힘든 경우에는 인수합병을 통해 우회상장을 하거나 현금으로 회수하기도 한다. 유니콘 기업을 주목하는 이유는 규모 면에서 헤드 핀 역할을 하기 때문이다. 중소규모의 성공 사례도 중요하지만 역시 국가 경제 규모에 걸맞는 글로벌 규모의 성공기업이 많이 나와야 한다. 창업을 하고 또 거기에 투자해 돈을 버는 경우가 많아야 창업과 투자가 활발해진다. 특히 민간의 대규모 투자는 정부의 의지로 되는 일이 아니다.

배민의 경우에도 매출 5,600억 원에 약간의 적자인 상태이지만 5조 원의 기업가치 평가를 받아 인수를 통해 딜리버리히어로DH 지분 50%를 확보하는 것으로 알려져 있다. 투자 회수에 더해 경영 참여를 통해 간접적으로 글로벌 진출의 기회도 갖게 되는 것이다. 회사를 창업해 수년 동안 투혼을 불사른 창업자, 경영진, 직원, 투자자가 수조 원의 가치를 실현시킬 수 있는 기회를 놓친다면 허망한 일이다. 그러니 우리나라의 4차산업혁명 준비도가 25위로 평가되는 것이다.

유니콘 기업은 정부의 소망, 의지, 자신, 신념 따위로 자라지 않는다. 기업 생태계를 제대로 이해하고 정책을 펴야 하며 정부 스스로 걸림돌이 되지 말아야 한다.

(20/12/01)

06
국가 지도자는
IT 기반 미래 상상력을 가져야

지난 40년간 정보기술IT 분야에 몸담아 왔지만 대학 시절에는 컴퓨터 구경도 못 했다. 내가 다닌 대학 전체에 지금의 PC 정도 성능도 안 되는 컴퓨터가 한 대 있었다고 하니 격세지감이 든다.

그 당시 초급장교로 군복무를 마치고 나면 여러 대기업 중 직장을 선택할 수 있었다. 취업 걱정이 없던 시절이다.

나는 앞으로 살아가려면 컴퓨터를 알아야겠다는 생각으로 대기업보다 월급도 훨씬 적은 중소기업을 택했다. 이 결정이 IT 분야에 몸을 담게 된 계기다. 컴퓨터 회사라고 하지만 사실 컴퓨터를 수입해 팔고 소프트웨어를 개발해 주는 무역회사에 가까웠다. 이곳에서 일을 한 덕분에 정보통신의 발달과 함께 대한민국이 변화하는 현장을 지켜볼 수 있었다.

70년대 은행에 처음 온라인이 도입된 이래 발전을 거듭해 이제 창구가 없는 인터넷은행이 등장했다. 주식은 자동으로 체결된 지 오래다. 모든 거래가 세무당국에 자동으로 취합되어 연말에 세금 신고에 필요한 증명서류들을 거꾸로 국세청 사이트에서 내려 받을 수 있다.

여권의 발급과 출입국 신고도 가장 편리한 나라가 되었다. 더구나 젊은 세대는 현금 선호율이 10%에 지나지 않는다. '현금 없는 사회'로 빠르게 나아간다. 신용카드를 도입한 지 불과 40년 만에 신용카드 거래 비율이 가장 높은 나라가 되었다.

모든 예약, 구매, 거래, 지불이 다 인터넷에서 가능하다. 민원 서류를 안방에 앉아 발급받을 수 있다. 서류가 필요 없는 세상이 다가온다. '코로나19'라는 미증유의 사태에도 신용카드 사용 기록과 스마트폰 위치 추적 등으로 확진자 동선을 쉽게 파악한다.

정보통신의 발달로 지난 40년 동안에 대한민국은 상전벽해가 되었다. 정보통신분야에서 일하면서 혁신이 이루어지는 현장에 있는 것은 개인적으로 큰 행운이다. 다른 분야에서 일한 것보다 미래 세대와 소통할 수 있으며, 앞으로 벌어질 세상을 더 상상할 수 있게 된 것 같다.

1993년에 같이 선출된 한국과 미국의 대통령의 차이는 신체적인 나이뿐만이 아니라 IT에 대한 이해도에도 있었다. 아닌 게 아니라 미국의 40대의 두 젊은 지도자들(빌 클린턴과 엘 고어)은 그 당시 '정보초고속도로Information Superhighway'를 주창했다. 그 결과로 오늘날 미국이 IT 초강대국이 됐다. 지난 대선토론에서 '3D 프린터' 발음을 놓고 논쟁하던 장면이 오버랩되어 씁쓸하다.

앞으로의 40년은 IT를 기반으로 지난 40년보다 훨씬 더 큰 변화가 다가올 것이다. 그 변화는 진전만 하는 게 아니라 기존 체제의 파괴를 몰고 올 것이다.

지금 벌어지는 것처럼 권력 구조의 재편, 과거 청산, 분야별 수정 작업만으로는 이런 거대한 물결에 대처할 수가 없다. 파괴가 쓰나미처럼 밀려 올 것이기 때문이다.

해방 이후의 건국과 군사정권에 의한 국가 재건 과정에서 했던 것처럼 국가 모든 영역에 대한 재설계가 필요한 시점이다. 경우에 따라 헌법부터 정부조직, 지방 행정조직의 통폐합도 필요할 것이다. 미래 국가를 지탱할 교육, 산업구조, 연구개발, 국토이용, 조달, 감사, 기업과 노동의 형태 등등 다가올 세상에 맞춰야 한다.

지금처럼 벌어지는 갈등을 덮기에 급급해 땜질하는 식으로는 이 변화를 따라갈 수가 없다. 최근의 부동산과 비정규직 정책이 미래에 대응한 종합적인 큰 설계 없이 미시적 이슈를 손만 대 분란만 일으킨 좋은 예이다.

혁명적인 변화를 이루거나 이 변화를 수용하는 국가만이 앞으로 나아갈 수가 있다. 국가 지도자는 미래에 펼쳐질 세상에 대한 이해와 상상이 있어야 한다. 40년 전에 미국의 지도자들이 했던 것처럼 IT를 기반으로 벌어질 세상을 설계할 수 있어야 한다. 큰 그림이 없이 갈등만 유발하고 있으면 국가는 점점 더 후퇴하기 마련이다.

(20/07/17)

07

인공지능 콜센터도 금지할 텐가

서비스 산업은 고객과의 접점contact이 필수적이다. 그래서 콜센터를 컨택센터라고도 한다.

불과 20~30년 전 만해도 모든 고객과의 접점이 대면으로 이뤄졌다. 보험 상담원이 각 가정을 방문했다. 증권과 은행 업무, 고장 수리 신청, 민원 상담 등을 하려면 고객은 지정 장소를 직접 방문했다.

그러던 것이 통신의 발달과 함께 비대면 서비스가 늘어나기 시작했다. 영업 및 서비스 제공자는 인건비를 포함한 비용을 줄이고 기회를 늘릴 수 있다. 소비자는 시간과 노력을 줄일 수 있다. 서로의 이익이 부합하니 대면 서비스가 빠르게 줄어든다.

80년대 말 증권사들이 주가시세 조회서비스를 자동응답시스템ARS으로 시작한 것이 시스템을 통한 음성 비대면 서비스의 시초다. 아날로그통신 시절이다. 통신사로부터 힘들게 연 번호 100개를 부여

받아 시작했다. 그전에는 주가 정보를 얻기 위해서 객장을 방문해 전광판에서 확인하거나 조회 단말을 이용해야 했다.

통신과 시스템의 개발로 전 방위적으로 콜센터를 보급하자 대면 서비스 인력이 줄어들고 콜센터 상담요원으로 대체되었다. 그래도 이때는 약간의 교육으로 대면 상담을 시스템을 이용해 통신을 통해 서비스하는 직무 전환이 가능했다.

이렇게 전환한 통신, 은행, 증권, 보험, 항공, 물류, 쇼핑, 가전제품 수리, 행정 등의 콜센터 서비스 요원이 적어도 50만은 넘을 것이다.

콜센터를 통한 서비스가 늘다 보니 일부 기업은 비용을 더 줄이려고 해외에 주재하는 상담원을 고용하기도 했다. 반면에 이들을 대표적인 감정노동자로 규정하고 보호하는 장치도 마련했다.

시대가 또 변해간다. 통신과 시스템의 지속적인 발전에 인공지능 AI이 더해지면서 곧 콜센터 요원들도 일자리를 잃을 판이다.

인공지능은 감정을 탓하지 않는다. 임금인상도 요구하지 않는다. 주 52시간 근무 제한도 받지 않는다. 심지어 인공지능이 일도 더 잘하는 경지까지 이르고 있다. 아마존 같은 기업은 이미 쇼핑 응대를 인공지능이 담당한다. 게다가 빅데이터까지 결합해 능수능란하게 고객을 유도한다.

최근 25만 명의 택시기사 일자리를 보호한다고 150만 명이 이용하는 타다 서비스를 불법으로 규정하고 사실상 금지하는 법을 만들었다. 사실은 택시 기사가 아니라 개인택시를 포함한 소수의 택시사업자 이익을 보호한다. 왜냐하면 택시 기사들이 타다 같은 서비스 기사를 하면 수입이 더 좋을 수도 있기 때문이다.

타다를 막는 논리라면 수십만 명에 이르는 콜센터 종사자들의 일자리를 위협할 인공지능 콜센터 금지법도 만들어야 한다.

인공지능과 로봇이 발달하면 택시 기사 정도가 아니라 공장, 물류센터, 유통점 등의 노동자와 서비스요원들이 일자리를 잃는다. 그 수가 조만간 수백만 명에 달할 것이다. 이를 어찌하려나. 인공지능 시대를 막을 건지, 능동적으로 대비할지 결정해야 한다.

'배달의 민족'으로 유명한 '우아한형제들'이 4조7000억 원의 가치로 독일기업과 합병하는 결정을 하였다. 이 금액은 시가총액 순위 50위쯤이다. 현대건설, LG디스플레이, 미래에셋대우 등의 시가총액과 맞먹는 액수이다. 역대 IT 벤처기업의 최대 인수금액이다. 독점이라는 굴레를 씌워 혁신의 불씨에 찬물을 붓지 않기를 바란다.

우리는 알게 모르게 뭔가 큰 걸 제조하고 생산해야 제대로 된 기업으로 인식한다. 혁신이라고 하면 엄청난 기술을 동반하는 걸 의식한다. 국가부터 혁신경제를 한다며 연구개발R&D에 돈을 쏟아붓는다.

이런 시각을 갖고 있는 사람들에게 배달의 민족은 음식 배달이나 하는 하찮은 기업으로 비쳐졌을 것이다. 그러나 이런 기업이 외국기업으로부터 현대건설, LG디스플레이 등과 기업가치를 같게 인정받는다. 이 사실을 주목해야 한다.

최근의 혁신경제는 기술이 플랫폼 밑에 내재되고 궁극적으로 소비자의 삶의 방식을 바꿔 소비자로부터 선택을 받는 기업들에 의해 이뤄진다. 즉, 소비자들의 선택을 받는 것이 혁신이다.

타다의 경우로 보듯 소비자의 선택과 상반된 공급자 마인드로는 혁신경제를 이룰 수 없다. 세상의 변화에 눈감고 표만 쫓는 정치권과 이들을 따르는 공무원들이 한심할 따름이다.

(19/12/17)

08

IT 기반 혁신을 돕기는커녕
발목만 잡아서야

　대통령이 인공지능AI강국으로의 도약을 선언한 날, 검찰은 '타다' 의 경영진과 투자자를 기소하였다. 청와대 정책실장을 비롯해 국토 교통부, 중소벤처부 장관까지 검찰의 너무 앞선 사법적 판단에 당혹 감을 표시하고 있다. 반면 '타다'를 고발한 변호사 출신 국회의원은 '타다'가 AI와 무슨 상관이냐고 일갈했다. 무식하면 용감해진다더니 제대로 알지도 못하면서 어찌 이렇게 단언적으로 말할 수 있는지 놀 라지 않을 수 없다.

　사실 플랫폼 기반의 비즈니스는 빅데이터와 인공지능에 기초한 다. 시간이 지날수록 학습에 의해 더 똑똑해질 것이다. 이런 무지한 사람들에게 '배달의 민족(배민)'과 같은 기업은 중소상인들로부터 배 달수수료나 뜯어 먹는 것으로 여겨질 것이다. 하지만 이 회사는 '우 리는 IT회사'라고 선언하였으며 IT산업계도 이를 인정한다.

이 회사가 배출한, 정보기술IT 전문성과 창의성으로 숙련된 인력들은 창업을 성공시킨 사례가 많아 '배민마피아'라고 까지 불린다. 잘 아는 바와 같이 물류유통에서 세계 최강자인 아마존도 최강의 IT 능력으로 그 자리를 지킨다. 1년에 2만 명 가까운 IT 인력 채용 공고를 낸다.

타다 사태를 놓고 중소기업을 지원한다는 위원회에 속한 여당 국회의원은 혁신 기업들이 규제와 법의 밖에서 기존 산업을 침탈한다고 비난했다. 혁신을 하더라도 기존 산업과의 상생과 조화 속에서 해야 한다는 주장이다. 시대에 맞게 규제의 틀을 바꿀 의무가 있는 사람들조차도 혁신 사업가들을 비난하기에 앞장서는 현실이다.

언뜻 따뜻하게 들리며, 맞는 주장처럼 여길지 모르나, 사실 기존 산업과의 상생은 혁신 사업가의 몫이 전혀 아니다. 앞으로 달려 생존하기조차 버거운 기업에게 상생을 요구할 것이 아니다. 그 대안을 만드는 것은 오히려 정책 당국자와 정치권이 해야 할 일이다.

산업의 역사를 돌아보면 기존의 기술과 산업을 끊임없이 파괴하면서 발전해 왔다. 지금 유통, 물류, 수송 등에서 전방위적으로 기존의 사업체와 산업들이 속속 퇴출된다. 애플이 스마트폰을 출시하면서 기존의 모바일폰 강자인 노키아, 모토로라가 퇴출되었다. 아마존이 플랫폼을 기반으로 온오프라인 옴니채널을 강화하면서 100년 이상 된 전통 대형 유통점들이 문을 닫는 현상이 일어났다. 국내에서도 중소상인들을 보호한다고 여러 제약을 받아온 대형유통들이 최근 문을 닫거나 사업형태를 바꾸고 있다. 임의로 누구를 보호하고 말고

할 시대가 이미 아닌 것이다.

　고속도로 수금원들의 정규직화를 놓고 갈등이 해결될 기미를 보이지 않자 이를 답답하게 여긴 청와대 비서관은 "수금원이 없어질 직업인 줄 몰랐냐"고 하소연하기도 했다. 인식 기술과 무선 기술의 발달로 100Km 이상 달리면서도 통행료를 수금할 수 있는 '스마트 톨smart toll'이 개발된 시대다. 비정규직이었던 수금원들을 전환 배치하고 활용할 계획도 없이 무리하게 정규직화부터 약속한 결과 더 큰 사회적 갈등을 빚은 것은 아닌가.

　대기업이든 혁신기업이든 누구도 사업의 지속성과 성공을 보장할 수 없다. 공유경제의 대표격인 위워크WeWork나 우버도 누적 손실과 IPO의 실패로 곤경에 처했다. 덩달아 공유경제 투자의 선봉에 있는 손정의 회장의 리더십과 경영성과에도 큰 영향이 있을 것으로 보고 있다. 국내 대표적인 유니콘 기업인 쿠팡도 손 회장으로부터 3조 원 이상 투자를 받았으나 누적된 적자로 앞날을 점치기 어려운 현실이다.

　이런 불확실성과 갈등을 감수하더라도 혁신을 멈추어서는 안 된다. 오히려 혁신의 장애를 거두어야 한다. 싫든 좋든 전 세계가 혁신 경쟁으로 승자 독식 경제를 만들어 가고 있는데 한반도에 갇혀 대한민국을 '갈라파고스'로 만들어서는 안 된다.

　불과 20년 전에 빌 게이츠는 대한민국이 세계 최고의 IT 인프라를 갖춰 새로운 실험을 하기 가장 좋은 나라라고 치켜세운 적이 있다. 이랬던 나라가 지금 역으로 각종 규제의 장벽에 막혀 매력이 없는 나라로 평가를 받는다.

개방과 창의적 경쟁만이 이 파고를 넘길 수 있다. 혁신 기업들에
이런 저런 장벽을 만들어 창의를 제한하거나 혁신의 속도를 저지하
면 성공의 기회는 점점 멀어질 뿐이다. 이는 개별 기업의 문제가 아
니라 대한민국호가 좌초할 위기에 처하게 되는 것이다.

4차산업혁명 시대에 걸맞는 교육, 연구, 산업, 법체계 등 국가의
전환 계획이 절실하다.

(19/11/06)

4차산업혁명 시대의 문제 해결 방식

    지난여름 111년 만에 닥친 폭염으로 몸살을 앓았다. 산업화 이후 지구 평균 온도가 0.8도 정도 올랐는데 이런 폭염이 발생하는 건 이상기온 현상이 지역적, 계절적으로 연도별로 편차가 심하게 나타나기 때문이다. 즉 열파, 한파가 국지적으로 일시적으로 언제든지 닥칠 수 있는 것이다.

    전기를 총량 중심으로 관리하다 보니 분배망이 비과학적이고 시설이 노후되어 예비 전력은 충분하다는데도 여기저기서 정전 사태가 발생했다. 기록적인 폭염에 대한 대응이 너무 안일했다. 서민들이 힘들다고 하니 폭염을 재난으로 인식해 기껏 에어컨 빵빵 틀게 하고, 전기 값을 조금 깎아주는 정도의 발상이다. 폭염 복지라는 말이 생겨나기도 했다.

일반인들의 생각과 국가를 경영하는 사람들의 생각은 달라야 한다. 일반인이야 급하면 에어컨을 빵빵 틀고 전기요금이라도 좀 깎아주면 좋다고 할 수 있다. 그러나 국가 경영 차원에서는 전기값 깎아주는 정도의 대책이 아니라 좀 더 근본적이고 미래를 대비하는 방안을 모색해야 한다.

집집마다 에어컨을 틀면 실내는 견딜 만해질 수 있지만 그만큼 열을 더 배출해 도시의 열섬 현상이 심해질 수 있다. 임기응변에 지나지 않는 것이다. 전기의 생산, 요금에만 신경 쓰는 것이 아니라 전기의 스마트 관리에 더 투자해야 한다.

가구마다 실내 온도와 에너지 소비를 모니터링하고 조절해 전기를 덜 쓰고도 더 쾌적해질 수 있도록 하는 기술을 도입해 볼 만하다. 차제에 원자력 발전 중단에 대해서도 심도 있게 다시 검토해야 한다. 원자력 발전을 중단하며 큰소리 쳤던 전력 예비율도 이미 깨졌고, 낮췄던 원자력 발전 가동률도 다시 높이고 있는 현실이다.

우리나라는 음식 배달이 발달한 나라이다. 철가방을 연상시키는 중국음식 배달이 발달해 어디에서도 어떤 음식도 주문하고 배달받을 수 있다. 길거리에는 음식 배달 오토바이가 안전 운전을 위협할 지경이다. '배달의 민족'이라는 배달 플랫폼 서비스 회사가 큰 성공을 거두기도 했다.

반면 실리콘밸리에서는 배달로봇 혁명이 일어나고 있다. 인공지능을 장착한 소형 자율 이동체에 음식을 실어 배달하는 것이다. 여러 회사가 개발에 참여하고 있고, 여러 업체들이 채택해 실험하고 있다. 사람이 배달하면 건당 5불이 드는데 로봇으로 하면 3불이라고 한다. 1불대까지 낮추는 걸 목표로 하고 있다.

자그마한 이동체가 마음대로 인도를 헤집고 다니면서 사고를 일으키기도 하고 웅덩이에 빠지기도 한다. 결국 샌프란시스코 행정당국이 규제를 하기에 이르렀다. 업체당 배달로봇을 3대만 채택할 수 있게 하고 통제해야 하는 구역은 지도에 표시해 진입을 못 하게 하는 것이다.

4차 산업혁명정신에 부합하는 규제이다. 실리콘밸리적인 규제 방식이다. 새로운 걸 못 하게 하는 순간 그 도시의 생명력은 끝날 수 있기 때문이다. 음식 배달 서비스에서도 4차산업혁명을 하고 있고, 정부가 그 혁명을 뒷받침하는 모습이 돋보인다. 서울시가 기존의 운수사업법을 들이대 공유자동차 서비스업체를 고발 조치한 것과 비교된다.

중기부는 해외 창업전진기지로 K-스타트업센터를 설립한다고 발표했다. 해외판 창조경제센터라고 할 수 있다. 인도, 중국, 미국을 필두로 공유형 오피스로 만들어 1개소에 10개 정도의 업체를 1년간 상주지원 한다고 한다. 이렇게 한국 업체들만을 위한 물리적 공간을 만들고 간판을 거는 건 구시대적 발상이다.

해외에 진출하려면 한국업체끼리 모여 있을 것이 아니라 현지에 있는 공유공간에서 현지 스타트업들과 부딪치면서 일해야 한다. 이미 위워크 같은 업체는 22개국 75개 도시에서 공유오피스를 운영하고 있다. 지원하려면 심사를 통해 예산이나 지원하면 된다. 굳이 그들을 지원할 코디네이터가 필요하면 그 또한 현지 공유오피스에 머물면 된다.

4차 산업혁명시대의 문제 해결 방식은 과학적, 합리적, 효율적 일뿐 아니라 미래지향적이어야 한다. 4차 산업혁명적인 사고를 바탕으로 국가를 이끌어야 한다.

(18/09/14)

10

21세기 창의국가로 가는 길

개리 해멀은 20세기 경영 방식은 21세기에 적합하지 않다고 강조한다. 생산성 향상을 위해 인사, 생산, 연구, 재무 등 경영 요소들을 철저히 관리하고 생산 효율성을 추구하는 것만으로는 부족하다는 지적이다.

대량생산 체제에서 주어진 일을 열심히 해서 생산성을 높이는 방식에서 벗어나야 한다고 했다. 느슨하게 일하는 것 같지만 개인은 끝없이 창의적인 시도를 하고 조직은 그러한 활동이 활발하게 일어날 수 있는 제도와 문화를 정착시켜 전혀 새로운 가치를 만들어야 한다고 강조하고 있다.

고려대학교 염재호 총장은 연세대와의 교차 특강에서 20세기 대학교육 모델은 폐기돼야 한다고 강조했다. 21세기에 살면서 여전히 20세기 패러다임으로 문제를 해결하려 하고 있다며 현재의 대학교육을 20세기 대량 생산체제에 비유하기도 했다. 지난 세기의 경험과 사고를 가지고 있는 세대의 말을 듣지 말고 미래를 개척하는 지성이 될 것을 당부하기도 했다.

이미 4차산업혁명의 물결, 가파른 초고령화 사회로의 진입, 만연한 사회적 갈등, 빠르게 진행되는 이상기후 등으로 지금까지 경험하지 않은 세상이 우리 앞에 펼쳐질 것이다. 개리 해멀이나 염 총장이 말한 대로 20세기 방식으로는 미래에 대응할 수 없을 것이다.

문경군은 2015년 세계군인체육대회를 개최하면서 다른 세계대회에서 했던 대로 선수촌으로 쓰일 아파트를 짓는 대신 운동장에 캠핑카를 임시 임대했다. 공무원들의 창의적인 아이디어에 의해 수백억원의 예산을 절약했다.

영국 다이슨사는 날개 없는 선풍기를 만들어 유명하다. 이어 청소기, 헤어드라이어 등을 만들더니 전혀 다른 자동차까지 만들 계획이라고 한다. 날개가 없는 선풍기를 생각해낸 것은 그야말로 엉뚱한 상상의 산물이다.

네덜란드의 '오션클린업'이라는 비영리단체의 CEO인 보얀 슬랫[20]은 태평양의 플라스틱 쓰레기 섬을 청소하기 위해 v자 막대를 설치해 원형으로 해류 소용돌이를 일으켜 플라스틱이 한쪽으로 모이게 해 쉽게 치울 수 있도록 하는 아이디어를 중학생일 때 제시했다. 2014년에는 유엔환경계획에서 수여하는 역대 최연소 '지구환경대상'을 받기도 했다. 이 실험이 완성되면 청소비용은 33분의 1에 불과하고 청소 속도는 7900배 빨라질 것이라고 한다.

보텍스 블레이드리스Vortex Bladeless라는 회사는 이름 그대로 날개 없는 풍력발전을 실험하고 있다. 긴 막대기만 설치해 흔들리는 것을 에너지로 전환한다. 현재 실내와 야외에서의 축소 모델 실험에서 성공한 상태라 한다. 이 방식으로 발전이 가능해지면 소음공해 문제가 해결되고 설치, 유지비용도 반으로 줄어들게 된다.

라이트Light라는 회사는 DSLR 카메라 성능에 버금가는 스마트폰 크기의 카메라를 개발하고 있다. 육중한 렌즈 대신에 소형렌즈 여러 개로 촬영한 이미지를 소프트웨어에 의해 DSLR 급의 사진을 얻는 것이다. 2년 전에 선주문을 받아 최근에 공급을 시작했으며 영국에 첫 매장을 만들었다.

전 세계적으로 이런 창의적 혁신이 수없이 일어나고 있다. 한결같이 모방을 하거나 남들이 하는 걸 따라 하는 것이 아니라 누구도 생각할 수 없는 것들을 상상하고 오랫동안의 노력과 실험으로 완성시켜 가고 있다. 성공의 결과로 높은 수익을 얻거나 사업에 필요한 비용을 낮출 수 있다. 새로운 경험과 가치를 제공하기도 한다.

혁신은 저절로 일어나지 않는다. 조직 내에 창의가 발현할 수 있

는 제도와 문화를 만들어야 한다. 우선 무슨 짓을 해도 받아들일 수 있는 조직의 문화를 만들어야 한다. 창의적인 아이디어를 제안하도록 하고 발탁하고 지원해야 한다. 창의적인 제안에 대해 포상하고, 실험해 볼 수 있는 시간과 자금을 지원해 줘야 한다.

구글 같은 회사의 20-20 룰은 유명하다. 20%의 시간과 20%의 돈을 자유롭게 쓸 수 있게 허용하는 것이다. 우리의 경우 회사의 돈을 마음대로 쓰라는 결정을 하면 경영자는 배임, 사용자는 횡령이라 하지 않을지 모르겠다.

출퇴근 시간으로 복무 감사를 하거나, 다 똑같은 시간에 출근하고 점심을 먹느라 엘리베이터가 미어터지는 문화로는 창의를 기대할 수 없다. 자유로워야 하고, 수직적 관료적 문화를 철폐하여야 한다. 공간도 창의적인 분위기가 연출될 수 있도록 바꿔야 한다.

단순 창업지원이 아니라 창의적인 아이디어를 선별하고 자금을 지원할 수 있는 다양한 창구가 있어야 한다. 4차산업혁명을 한다면서 시중에 떠돌고 있는 것들을 모아 국책 연구기관에 맡기는 방식으로는 전혀 새로운 걸 만들어낼 수 없다. 누구나 예상할 수 있고 이미 다 알려진 건 창의적인 게 아니다.

(17/12/15)

X

인재 육성,
발탁,
활용이
핵심

01
4차산업혁명 이후의
복무 규칙을 다시 짜라

최근 노동 현장에서 다양한 갈등이 노정되고 있다.

국민건강보험공단에서는 노노갈등을 타개하기 위해 이사장이 단식을 하는 초유의 사태가 벌어졌다. 이사장에게 '식사'가 아니라 '직'을 걸고 해결하라는 비아냥도 돌고 있다. 1600명에 달하는 고객센터 외주 상담요원들이 직접 고용을 요구하며 파업을 한 데다 정규직원들은 직고용을 반대하며 청와대에 청원까지 하고 있기 때문이다.

기존의 정규직과 취업 준비생들에게 공정 이슈가 등장하면서 제2의 인국공 사태로 발전할 조짐을 보이고 있다. 모든 업무는 성격에 따라 다양한 처리 방식이 있을 수 있다. 따라서 외주, 임시계약직, 일회성 계약 등 여러 형태의 고용이 있을 터인데 비정규직제로 같은 정치적 선언을 하니 현장에서는 부작용이 생기고 끊임없는 갈등이 일어나고 있다.

과로사 방지를 위해 택배기사들의 업무 부담을 줄이기 위해 분류 작업을 회사가 책임지기로 한 협약을 지키라며 택배기사들이 파업을 하며 택배 대혼란이 있었다. 우정사업본부에서는 택배노조의 파업에 대응하기 위해 정규직인 집배원을 투입한다고 해 갈등이 더 고조되기도 하였다. 우정사업본부는 택배기사들의 분류작업에 일정 대가를 치르는 구조라서 노조의 요구를 더 수용하기 힘들었던 모양이다.

택배기사들은 일의 많고 적음에 상관없이 정액제 월급을 받는 일반 근로자가 아니기 때문에 과로를 피하기 위해 일하는 시간을 줄이고 택배 건수를 줄이면 수입이 줄게 된다. 그래서 우선 나온 요구 사항이 지금까지 담당했던 분류작업을 하지 않겠다는 것이다. 분류작업 제외는 택배 건수가 줄어드는 게 아니어서 업무 부담이 줄더라도 수입은 줄지 않는다. 그러나 시대의 변화와 더불어 코로나로 택배 물량이 지속적으로 급증하는 상태에서는 구역을 더 나누어 일인당 담당건수를 낮추기 전에는 과로를 줄일 수 없다. 조금이라도 더 일을 하기 위해 스스로 과로를 하고 가족까지 동원하고 있는 구조에서 근로 시간을 줄여 수입이 줄어드는 것에 노동자들이 얼마나 동의할지 알 수 없다.

택배기사들의 과로사를 줄인다고 정치권과 정부가 개입하면서 문제가 해결되는 것이 아니라 다른 부작용이 연쇄적으로 발생할 가능성이 크다. 소비자들의 부담이 늘고, 물류유통회사들의 이익 구조가 나빠질 것이다. 그러면 사업하는 입장에서는 앉아서 사업을 그르칠 수 없으니 궁극적으로는 자동화 등으로 노동자들의 일거리를 줄이는 쪽으로 변해 갈 것이다.

고용노동부는 50~299인 사업장의 주 52시간제 관련 처벌을 유예하고, 자연재해 및 재난 시 해당 업무를 대체할 수 없는 경우에만 연장근로를 허락하는 특별연장근로의 인가 조건을 업무량이 늘어나는 등 경영상 사유도 포함하겠다고 밝혔다.

이에 네이버, 카카오, 넥슨, 스마일게이트를 중심으로 한 IT 업계 노동조합에서는 고용노동부의 특별연장근로 허용 확대, 재량 근로제 허용 확대, 주 52시간제 위반 사업주 처벌유예 방침을 취소해야 한다고 요구하고 있다.

일시적 업무량에 따라 근로시간이 연장되면 IT 업계는 업무 특성상 장시간 노동을 합법적으로 시킬 수 있게 된다는 비판이다. 주 52시간 정착을 향해야 할 때에 청년들의 야근이 일상화되어 청년노동자들이 가장 피해를 본다는 주장이다.

반면 IT 업계 경영자들은 산업의 특성상 주 52시간제가 기업이나 노동자들의 활동을 제한하고 있다는 시각을 갖고 있다.

공장의 생산라인처럼 반복적으로 똑같은 일을 하는 경우가 아니라면 시간으로 근로를 규정한다는 것 자체가 구시대적 발상이다. 혁신적이고 창의적인 일을 해야 하는 사람에게는 단순히 시간으로 규율할 것이 아니라 자율적으로 일하는 환경을 만들어야 한다. 자기 성취에 빠져 일해야 하는 사람에게까지 강제로 스위치를 끄는 일은 없어야 한다. 학구열에 불타 밤새 공부하는 학생에게 건강을 해칠 수 있으니 하루에 정해진 시간 이상은 하지 말라는 꼴이다.

그런가 하면 삼성그룹의 한 계열사의 일부 노조가 임금 인상을 놓고 파업에 돌입했다고 한다. 창사 이래 무노조 경영 폐기를 선언한 이후 처음이다. 노조원이 10%도 안 되는 상황에서 간부 6명이 천막에서 농성을 벌이고 있다. '삼성에서 드디어 노조 파업이 시작되었다'는 뉴스거리는 될 수 있을지 몰라도 사회적으로 얼마나 공감을 얻을수 있을 지 의문이다. 전 국민이 이렇게 어려움을 겪고 있는 시기에다른 데도 아니고 삼성이라는 최고의 기업에서 임금인상 2%를 놓고파업도 황제 노조답게 하는가 싶다.

정부의 일하는 방식이 참 답답하다. 현장을 살피라 하니 현장 하나하나 마다 개입하고 심지어는 개별기업의 경영사항까지 마구잡이로 결정하려 든다. 반면 현장과 산업의 특성들을 감안해 세심하게 법과 정책을 만들어야 함에도 정치적 선언을 하고 이를 뒷받침하는 법을 만들어 놓고 사후에 수습하려 하니 혼란만 가중된다.

현장을 두루 살펴 산업의 변화와 이슈를 놓고 큰 그림을 그려야 한다. 바둑판의 돌 하나하나가 아니라 판 전체를 봐야 한다. 차제에 4차 산업혁명 이후의 복무 규칙Rule of Engagement을 새로 만들어야 한다.

(21/6/28)

02
채용 절벽 온 김에
수시채용을 확산시켜야 한다

또다시 최악의 실업통계가 발표됐다. 실업자가 157만 명(실업률 5.7%)으로 1999년 IMF 이후 최고 수준이다. 작년까지만 해도 정부의 직접적인 고용 지원으로 60대에서는 취업자가 늘어나는 듯했으나 약발이 떨어지니 전 연령대에서 취업자가 줄고 있다. 급격한 노동조건 강화의 기저효과에다 코로나까지 덮친 결과이다.

이런 상황에서 취업문이 닫혀 취업준비생들은 '절벽에 매달린 신세'라고 하소연한다. 일부 대기업들은 매년 연례행사로 채용하던 정시채용을 수시채용으로 전환한다고 발표했다. 얼핏 보기에는 수시채용이 좁아진 취업문을 더 닫게 되는 것으로 보이지만 우리 사회의 문제를 푸는 열쇠가 될 수도 있다. 기회가 있을 때마다 수시채용을 주장해 왔는데 드디어 이런 정책 전환이 시작되어 다행이다.

코로나는 우리에게 너무나 큰 어려움을 안겨 주고 있지만 그동안 우리 사회에서 받아들여지지 않던 것들을 전환할 수 있는 기회이기도 하다. 화상회의, 재택근무, 비대면 교육, 진료 등이 이제 자연스럽게 받아들여지듯이 노동계도 이번에 새로운 룰을 정할 기회인 것이다.

세계 여러 기관에서 우리나라의 경쟁력과 혁신이 떨어지는 이유 중 하나로 노동의 경직성을 들고 있다. 경제계에서도 경쟁력 강화, 인력 재배치, 사업전환의 용이성 등을 위해 고용의 유연성을 요구하고 있다. 반면에 노동계와 노동 당국, 정치권은 노동의 안정성을 점점 강화시키고 있는 실정이다.

노동의 유연성과 안정성이 상반된 가치로서 합치점을 찾지 못하고 거리가 멀어질수록 기업이나 고용주 입장에서는 채용을 주저하

출처: 워크넷>직업진로>2020채용트렌드, 고용노동부 공식 블로그

게 된다. 과거에는 신입 사원을 많이 채용해 훈련시키고 또 걸러내는 방식을 선택했다면 이제는 꼭 필요한 자리에 꼭 필요한 인력만 골라서 채용한다.

기업이 고용을 주저하는 것은 고용과 해고가 너무 경직되어 있기 때문이고, 노동자가 노동 안정성을 주장하는 이유는 사회보험제도의 부족도 있지만 재취업 기회를 찾기가 너무 힘들기 때문이다. 코로나와 경제적인 상황으로 채용의 문이 좁아졌을 때 우리 사회도 수시채용으로 전환하는 기회로 삼아야 한다. 수시채용은 취업의 문이 좁아지는 것으로 받아들여질 수 있지만, 사회전반으로 확산되면 사실은 재취업의 기회가 많아지고 경력자 시장이 늘어나는 걸 의미한다.

수시 채용이 언제든지 어디서든지 이루어지면 해고당하는 부담도 적어지며, 스스로 희망하는 직장을 찾아 언제든지 전직할 수 있게 되니 자연스럽게 노동경직성이 해소될 수 있다.

육아휴직제도를 만들어놔도 잘 활용이 안 되는 이유가 휴직 이후 불이익이 걱정되기 때문이다. 다른 기회가 열려 있으면 서구의 여러 나라에서처럼 편하게 육아에 매달릴 수 있다. 경험에 의하면 회사에서 시행하는 조기퇴직제도ERP, early retirement program를 기다려 목돈을 받고 다른 직장을 찾는 경우도 허다하다.

수시채용은 단순히 고용의 문제뿐 아니라 기업 문화와 환경을 바꾸는 데도 중요한 역할을 할 수 있다. 대기업이 기수를 따져가며 수십 년 동안 연례행사로 정기 채용을 하다 보니 기업 내 다양성이 떨어지고 수직적 문화를 탈피하기 어려웠다. 수시채용이 일상화되면 다른 배경을 가진 인력이 수시로 수혈될 뿐 아니라 기수문화가 사라질 수 있다.

한편 수시채용은 중소·창업기업의 인재 부족 문제를 해결할 수 있는 길이기도 하다. 인재는 중소·창업기업에서 더 폭넓게 경험하며 능력을 키울 수 있기 때문에 군이 대기업 고시에만 매달릴 필요가 없다. 중소·창업기업에서의 경험과 역량 개발로 대기업으로 옮겨갈 수 있는 기회가 수시로 열려 있기 때문이다. 역으로 대기업에서 중소·창업기업으로 자리를 옮기는 기회도 늘어날 것이다. 물론 중소·창업기업도 인재를 유인할 수 있는 인센티브를 늘려야 한다.

결국 수시채용은 노동유연성을 높일 것이며, 강제적인 노동안정성이 아니라 취업 기회확대를 통해 노동자들이 해고나 이직을 좀 더 편하게 받아들일 수 있게 되는 것이다. 서구의 기업들처럼 노동자들이 해고를 걱정하는 게 아니라 기업이 인재 고용유지retain에 더 신경써야 하는 사회로 바뀌게 될 것이다. 아울러 대기업 간, 대기업과 중소·창업기업 사이에 인력 이동이 활발해져 우리 사회에 다양성과 융합의 문화를 확대하는 기회가 될 것이다.

(21/02/24)

03

후진적 인사 시스템 혁신이 시급하다

올 초 다보스에서 열린 세계경제포럼 연차 총회에서 인시아드(프랑스 경영대학원)와 아데코(다국적 HR회사)가 공동으로 '세계인적자원경쟁력지수 2019'를 발표했다. 한국은 125개국 중에서 27위로 평가되었다. 노사협력(119위), 계층이동(109위), 고위직승진(109위), 채용 및 해고 용이성(76위), 개방성(70위), 이민자에 대한 관용(85위) 등이 특히 낮게 평가되었다.

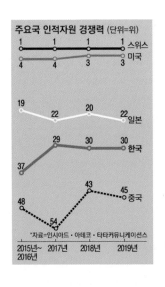

주요국 인적자원 경쟁력 (단위=위)

IQ도 높다 하고 교육열도 높은 나라로서 인적자원 경쟁력의 성적표에 어리둥절하다. 개개인의 능력을 키우는 교육

시스템에도 문제가 없는 건 아니지만 역시 개인의 능력이 국가의 경쟁력으로 이어지도록 하는 시스템이 뒤처져 있다는 분석이다. 출중한 선수를 스카우트했더라도 지도자, 훈련, 보상체계가 뒷받침되지 않으면 좋은 성적을 낼 수 없는 것과 같은 이치이다.

인사청문회를 보더라도 일을 중심에 놓고 일을 잘 수행할 사람을 발탁하는 게 아니라 도덕 검증을 하고 있다. 범법자는 법으로 제어하더라도 도덕은 개인한테 맡겨야 한다. 다주택자라 결격 사유가 되었다 하면 해외 토픽감이다. 자신들이 기준을 잘못 설정해 놓으니 문제가 되고 말았다.

미국의 대통령이나 당선자 모두 대한민국의 기준으로는 부적격자이다. 각종 루머, 스캔들, 탈세의혹, 자녀의 마약, 불륜 등등 이루 헤아릴 수 없다. 도덕과 이념으로 무장된 국가인지 경쟁력 있는 나라인지 국가의 지향점을 정해야 한다.

경쟁력 있는 국가를 만들려면 미래 인재의 교육, 인재 선발 제도, 각 조직의 일의 분석, 해당 일의 방식, 일의 목표와 성과 관리 등을 혁신해야 한다. 일을 관리해야 하는데, 그렇게 할 능력과 체계가 안 갖춰져 있으니 사람을 관리하려고 한다. 그것도 제대로 못하니 시간 관리를 한다. 전 세계 선진국을 다니면서 출퇴근 시간을 체크해 복무감사를 하는 걸 보지 못했다. 이거 하나만 봐도 우리의 인사관리가 얼마나 후진적인지 알 수 있다. 산업화 시대의 일과 시간을 관리하던 방식이다. 자율성과 창의성은 찾을 수 없다.

야구 선수가 타이어를 묶어 놓고 하룻밤에 수천 개씩 두드리는 건 누가 훈련시간을 체크해서가 아니다. 본인이 실적(일)을 잘 내기 위한 스스로의 노력인 것이다. 코로나로 재택근무를 한다 하지만 우리 환경에서는 방기放棄가 될 가능성이 크다. 경쟁력과 생산성이 더 떨어질까 우려된다. 선진국의 여러 회사가 코로나가 끝나더라도 건물을 폐쇄해 버리고 재택근무를 상시적으로 시행한다고 한다. 일을 관리하는 체제가 갖춰졌기 때문에 가능한 일이다.

지난 정부에서 '인사혁신처'라는 신생 조직을 출범시키고 민간기업에서 처장을 영입하는 것을 보고 국가 경영의 핵심을 간파하고 있는 것 같아 반긴 적이 있다. 그러나 정권이 바뀌기도 했지만 인사 분야에 혁신이 없는 것을 보면 갈 길이 멀다는 생각이 든다.

인사혁신처의 소관사무를 들여다보면 왜 조직을 분리시켰나 의구심이 들 정도이다. 인사정책의 수립, 인사행정분야의 혁신, 인재채용, 인사관리, 인재개발, 윤리, 복무, 연금, 소청에 관한 사무 등 기존에 하던 대로이다.

세계 인적자원 경쟁력평가에서 보듯이 개개인의 능력뿐 아니라 인재들이 능력을 극대화시킬 수 있는 시스템을 갖추는 것이 시급하다. 지난 정부에서 준비도 안 된 상태에서 전 공무원들 대상 성과급

제도를 적용하겠다고 난리법석을 떨다 정권이 바뀌며 되돌린 일도 있다.

경쟁을 도외시하는 정부도 문제지만 제대로 준비도 안 된 정책을 추진해 잡음만 일으킨 정부도 답답하다. 인사가 만사라고 사람을 키우고 적재적소에 발탁하고 능력을 발휘할 수 있게 해야 한다. 코로나가 아니더라도 경쟁력 있는 국가로 도약하려면 제대로 된 인사 혁신이 시급하다.

(20/11/24)

04

조직 운영은 프로 구단처럼

글로벌 기업, 특히 정보기술IT 기업의 조직 운영은 프로 스포츠 구단과 유사하다.

우선 프로 구단 감독이 갖는 가장 기본적인 권한은 선수 발탁이다. 남이 꾸려준 팀으로 성적을 책임지는 것은 불합리하다.

우리나라 기업은 인사 부서가 직원을 채용하고 현업 부서에 배치한다. 반면에 글로벌 기업은 주로 부서장이 일차적으로 채용 권한을 갖는다. 즉 자기 조직을 자신이 구성하고 책임도 진다.

이들은 우리나라 기업 공채와 같은 일괄 채용을 하지 않는다. 각 포지션별로 가장 적합한 선수를 찾듯이 '개별 일자리position'별로 '일의 성격JD:Job Description'을 정의한다. 역시 그 일에 가장 적합한 사람을 찾는다.

고용계약은 어떨까. 프로구단은 구단 형편과 선수 시장 가격을 갖고 선수들과 협상을 한다. 그 타협 결과를 계약서로 작성한다. 기업도 각각의 일자리별로 보상 범위를 정하고 입사할 때 협상하고 계약을 하여야 한다. 계약서에 직위, 업무의 책임, 기본 보상, 성과 보상, 기간을 비롯해 부수적인 조건들을 포함한다. 프로 구단과 선수의 계약서와 유사하다.

글로벌 기업과 한국 기업이 다른 것은 뭐니뭐니해도 보상체계다. 동일 호봉, 동일 임금이 아니라 개인별 계약에 의해 많은 차이가 난다. 더구나 개인 보상 체계를 성과에 연동한다. 또 철저한 보안 사항이다. 임금 인상도 일괄적인 게 아니라 개별적으로 협상해 정한다.

특히 초기 창업 회사인 경우에는 현금 보상뿐 아니라 주식과 옵션 결과에서 큰 차이가 난다. 결국 초기 단계에 창업 기업에 참여하고 같이 노력해 유니콘 단계를 거쳐 상장하면 창업자 못지않은 큰 대가를 얻을 수 있다. 잘나가는 기업을 잘 다니던 사람이 스타트업으로 옮기는 것이 선진국에선 비일비재하다.

참 알 수 없는 일은 우리 사회가 프로 운동선수의 엄청난 보수와 트레이드, 방출 조치를 당연시하면서 기업 내에서는 이를 전혀 인정하지 않는다는 점이다. 더욱 놀라운 발상은 최고 경영자의 보상을 최저임금과 연동하여 제한해야 한다는 주장이다. 운동선수는 인정해도 기업 내의 여러 영역과 역할에 따른 차이, 특히 경영이라는 특수 영역을 인정하지 않는 셈이다.

성적이 미치지 못하는 선수는 기회를 몇 번 더 주든지 그래도 안 되면 2군으로 보내 재기와 훈련의 기회를 준다. 실력을 회복하면 1군으로 복귀하고 아니면 트레이드나 방출을 결정한다. 계약한 대로 성적을 내지 못한 상태에서 팀에 남아 있으면 본인에게도 팀에게도 부담이라는 인식을 같이 한다. 기업도 마찬가지다.

기업으로서는 저성과자under performer를 어떻게 처리하느냐가 가장 큰 과제 중의 하나이다. 2군에 내려보내듯이 재교육의 기회를 주는 방법, 회사 내에 능력을 발휘할 수 있는 다른 조직을 찾게 하는 방법 trade 등을 생각할 수 있다. 여러 가지 방안으로 서로에게 좋은 방법을 찾다가 안 될 때에는 방출을 결정할 수밖에 없다. 저성과자들을 위한 보상패키지package를 고안하고 이 역시 별도계약separation agreement을 체결한다.

공공이라면 어떻게 해야 할까. 고시제도를 짧은 시간에 바꾸기 힘들지라도 전문 영역은 현 개방직 제도를 더욱 확대해야 한다. 민간에서는 대기업부터 공채제도를 없애고 큰 기계의 볼트와 너트를 찾듯이 개별 일자리별로 개별 조건으로 개별 채용을 해야 한다. 그래야 프로구단에 선수들이 옮겨 다니듯이 기업에서도 이동이 많아져 인적 교류가 활발해질 수 있다. 사회적으로 다양성을 확대할 뿐만 아니라 경험의 교류가 일어나는 길이다.

전 세계적으로 모든 일자리에는 가격이 매겨져 있다. 똑같이 대학을 졸업한 후에 같은 기간 같은 회사를 다녔다 해도 업무에 따라 임금이 다 다르다. 거의 우리나라 기업만 업무, 능력, 성과 등에 관계없이 입사 몇 년 차로 구분한다. 이런 방식으로는 우수한 프로구단을 만들 수 없듯이 경쟁력 있고 생산성이 높은 조직을 만들 수 없다. 공공이든 기업이든 궁극적으로 비효율적 조직들에 의해 움직이는 국가는 경쟁력을 가질 수 없다.

(20/08/06)

05
개방적인 인재 확보 전략이 필요하다

    구글이 최고의 미래학자로 꼽는 토마스 프레이는 저출산 고령화로 인한 인구문제를 우리나라 3대 위기 중 하나로 지목했다. 더 암울한 것은 현재 우리가 가진 재능과 의지로는 이를 극복할 수 없다는 진단을 내놓고 있다는 것이다.

    가임 연령대의 자녀를 둔 부모 입장에서 봐도 현재 정부가 제시하는 출산 정책들은 전혀 다가오지 않는다. 단순한 경제적 지원이 아니라 사회생활을 영위하면서 육아를 마음 놓고 할 수 있는 시스템을 만들어야 한다. 과거와 달리 맞벌이를 하지 않고는 가정경제를 꾸려가기 쉽지 않기 때문이다. 그러니 세밀한 제도(주위의 눈치 보지 않고 활용할 수 있을 정도의 뒷받침이 있는 제도)에 의해 본인과 국가가 함께 육아를 담당해야 한다. 늙어가는 부모에게 육아 부담을 지워서는 안 된다. 국가는 소모성 개별 지원을 하기보다 사회적 육아 인프라와 제도 개발에 먼저 투자해야 한다.

그렇게 모든 노력을 다 하고도 출산이 늘어나지 않고 인구가 유지될 수 없다면, 우리도 역이민 정책을 택할 수밖에 없다. 하기야 단일민족국가의 틀이 무너진 지 이미 오래다. 그러나 과연 다국적 이민자들을 어떤 비율로 유지하고자 하는 계획이 있는 것인지 아니면 떠밀리듯 할 수 없이 저임금 노동자나 농촌총각의 배우자를 받아들이고 있는 것인지 알 길이 없다. 잘 알다시피 미국은 대학 입학이나 이민 허가에 있어 지역별, 계층별로 엄격한 T/O를 운영하고 있다. 나름대로 인구에 대해 지향하는 포트폴리오가 있는 것이다. 총인구뿐 아니라 균형된 인구구조를 계획한 대로 유지할 수 있어야 한다.

총인구뿐 아니라 국가경쟁력을 견인할 인재의 확보는 또 어떤가. 국내에서 열심히 교육시키고 유학시키면 충분한 것인가. 인구의 경우와 마찬가지로 확보해야 할 분야별 인재의 수와 수준에 대한 국가 차원의 계획이 있어야 한다. 과연 어느 분야의(단순히 대학 학과 조정 정도가 아니라) 인력을 얼마나 어떻게 확보하려 하는지 고민할 필요가 있다. 현대나 삼성이 필요한 인재에 대한 계획을 세우고 자체적으로 교육을 시킬 뿐 아니라 전 세계에서 인재를 구하듯 국가도 국가 차원의 유사한 계획과 전략이 있어야 한다.

미국 인구 3억 명의 인재 피라미드와 비교해 우리 5천만의 인재는 어디쯤에 해당할까. 정점에 가깝게? 중간쯤? 아니면 바닥권?

미국은 우리에 비해 총인구도 많을 뿐 아니라 어떤 이유가 되었건 S급 인재도 우리보다 훨씬 많다. 서울대 출신 MIT 유학생의 고백을 읽은 적이 있다. 유학 초기에는 다른 학생들이 우습게 보였는데 시간이 지날수록 두각을 나타내 졸업할 때쯤에는 다 천재같이 보이더라는 것이다. 그럼에도 불구하고 미국이라는 나라는 과학, 기술, 예술, 스포츠 등 모든 분야에서 인종과 국적에 상관없이 전 세계로부터 인재를 받아들여 활용하고 있다. 이게 미국의 힘이다.

이렇듯 국가를 견인할 인재의 확보는 자국민 교육만으로는 해결되지 않을 수 있다. 러시아는 소치올림픽에서 빅토르 안을 통해 러시아 국기를 네 번이나 게양할 수 있었다. 우리도 케냐의 에루페 선수를 귀화시켜 내년 브라질 올림픽에서 마라톤 금메달에 도전하는 방안을 검토한다고 한다. 금메달을 위한 운동선수의 귀화에 여러 의견이 있을 수 있다. 피부색이 다른 마라토너가 태극마크를 달고 달릴 때 몬주익의 영웅 황영조에게 보냈던 열광을 똑같이 보내지 못할지도 모른다. 그렇게까지 해서 태극기를 올려야 하느냐고, 오히려 황영조가 그랬듯이 몇 십 년 걸리더라도 우리 스스로의 힘으로 해야 의미가 있다고 생각하는 사람도 있을 것이다.

스포츠야 그렇다 치지만 그 경쟁이 국가의 명운이 걸린 분야라면 얘기가 달라진다. 어쩌면 그런 경쟁이 수시로 끊임없이 벌어지고, 그 결과 우리는 정말 열심히 교육시키고 투자했는데도 불구하고 국가 경쟁력은 계속 밀리고 있는지도 모를 일이다.

그런 의미에서 지난 정부는 교육부에 인적자원 기능을 부여했다. 인구 정책과 더불어 단순한 교육 정책이 아닌 인적자원 확보에 대한 근본적인 전략이 필요하다. 줄어들 인구 문제를 해결하지 못하면 국가의 존폐가 위협받을 수 있다는 우려를 많이 한다. 마찬가지로 지속적으로 떨어지는 국가경쟁력을 회복시키기 위해서는 인재에 대한 틀을 다시 짜야 한다. 대한민국의 인재는 꼭 한민족이어야 하는 건지, 아니면 전 세계에서 누구라도 대한민국 인재로 발탁해야 하는 것인지 깊게 고민할 일이다.

국가 간 경쟁을 위해서는 스포츠 용병과 마찬가지로 인재를 좀더 개방적으로 발굴하고 그에 걸맞는 인적자원 전략을 세워야 할 때가 왔다. 인재풀이 부족하고 질도 떨어진다면 아무리 창조를 외치고 창업을 외쳐도 몇 개의 성공은 이룰지 모르나 총체적인 경쟁에서는 밀릴 수밖에 없다. 인구와 인적자원에 대한 명쾌한 전략을 기대해 본다.

(15/07/17)

4차산업혁명 시대, 대한민국의 혁신 방향을 과학적이고 체계적으로 제시한 지침서!

권선복
도서출판 행복에너지 대표이사

대한민국이 나아가야 할 방향은 어디인가!

4차산업혁명 시대를 맞아 모든 것이 급변하는 세상입니다. 최선을 다해 미래를 예견하고 대비해야 할 때, 우리나라는 과연 어디로 나아가야 할까요? 본서는 그러한 질문에 대해 다양한 분야를 망라하여 대답해 주고 있습니다.

저자는 사회를 관찰하며 목격한 부조리와 문제점을 조목조목 짚어가며 혁신 개선 방향을 제시합니다. 필치에는 막힘이 없고 내놓는 의견은 구체적이며 명료합니다. 저자가 많은 생각을 해왔음을 알 수 있습니다. 여러모로 시끌시끌한 시국인

오늘날 단 한 사람의 목소리도 소중히 들어야 합니다. 대한민국은 유례없는 대변혁기를 맞이하고 있고 지금 내리는 결정은 장차 중대한 영향을 끼칠 것이기 때문입니다.

잘못된 것을 그대로 둔다면 그 악영향은 점차 뿌리를 내려 돌이킬 수 없는 결과를 초래할 것이고 이는 국민들의 원성으로 나타날 것입니다. 반대로 과감한 혁신을 통해 잘못을 뿌리 뽑는다면 민생 안정과 평화라는 값진 보물을 얻을 수 있을 것입니다.

본서는 제대로 처리되지 않고 방치되어 있는 사회적 문제들을 많이 다룹니다. 문제점을 속속들이 파헤치고 어디가 잘못되어 있는지, 개선 방향은 어떻게 해야 할지 이야기하며 설득력 있는 근거를 대고 있기에 독자 여러분도 많은 공감을 할 수 있을 것입니다.

몰랐던 부분에 대해 더 잘 알게 되고 나름의 삶의 방향을 정립함에 있어서도 도움이 되리라 생각합니다. 무지보다 무서운 건 무관심입니다. 나라가 어떻게 굴러가는지, 민생개선을 위해 무엇이 필요한지 관심이 없다면 국가는 방치상태에 빠지고, 무기력해지며, 파탄에 젖어 들게 될 것입니다.

따라서 위정자뿐만 아니라 일반 백성들도 사회의 구석구석을 잘 알아야 할 필요가 있습니다. 더 많이 알고 더 많이 깨달을수록, 문제점을 고치고 잘 사는 나라를 만들 수 있는 목소리가 커질 것이기 때문입니다. 사회문제를 해결할 수 있는 지도자를 뽑는 것 또한 국민들의 몫입니다. 결국 우리 모두가 힘을 합해 대한민국이라는 열차를 앞으로 나아가게 할 수 있는 것입니다.

21세기 무한경쟁시대 중요한 시기에, 과연 우리는 무슨 선택을 해야 하고 어떻게 움직여야 할까? 그런 질문을 던지며 독자 여러분 모두 심사숙고하여 바른 대한민국을 만들기 위해 최선을 다할 수 있기를 바랍니다.

나라를 생각하는 마음은 뜨겁습니다. 부디 가정과 일터에서 모두 평안하시고 새로운 대한민국의 일원으로서 늘 영광이 함께하시기를 기원드리며 김홍진 저자님을 추천하여 주신 인간개발연구원 한영섭 원장님에게 감사드리면서 기운찬 행복에너지 긍정의 힘으로 마법을 걸어 독자들에게 보내 드리겠습니다.
여러분이 주인공입니다. 감사합니다.

글을 쓸 수 있는 장을 마련해 준 IT조선,
과분한 추천사를 써주신 염재호 총장님,
심보균 차관님, 이언 교수님,
글을 모아 책으로 엮어준 권선복 대표를 비롯한
행복에너지의 편집디자인팀,
항상 곁에서 힘이 되어주는 가족,
이 시대를 살아가며 나와 함께 교류해 온
모든 분들께 감사의 뜻을 전한다.

2021.11.21

김홍진

'행복에너지'의 해피 대한민국 프로젝트!
〈모교 책 보내기 운동〉

대한민국의 뿌리, 대한민국의 미래 **청소년·청년**들에게 **책**을 보내주세요.

많은 학교의 도서관이 가난해지고 있습니다. 그만큼 많은 학생들의 마음 또한 가난해지고 있습니다. 학교 도서관에는 색이 바래고 찢어진 책들이 나뒹굽니다. 더럽고 먼지만 앉은 책을 과연 누가 읽고 싶어 할까요? 게임과 스마트폰에 중독된 초·중고생들. 입시의 문턱 앞에서 문제집에만 매달리는 고등학생들. 험난한 취업 준비에 책 읽을 시간조차 없는 대학생들. 아무런 꿈도 없이 정해진 길을 따라서만 가는 젊은이들이 과연 대한민국을 이끌 수 있을까요?

한 권의 책은 한 사람의 인생을 바꾸는 힘을 가지고 있습니다. 한 사람의 인생이 바뀌면 한 나라의 국운이 바뀝니다. **저희 행복에너지에서는 베스트셀러와 각종 기관에서 우수도서로 선정된 도서를 중심으로 〈모교 책 보내기 운동〉을 펼치고 있습니다.** 대한민국의 미래, 젊은이들에게 좋은 책을 보내주십시오. 독자 여러분의 자랑스러운 모교에 보내진 한 권의 책은 더 크게 성장할 대한민국의 발판이 될 것입니다.

도서출판 행복에너지를 성원해주시는 독자 여러분의 많은 관심과 참여 부탁드리겠습니다.

도서출판**행복에너지** 임직원 일동